みんなのどんぶり食堂

DON BURI

全国の農家さんがおすすめ!

杏耶 著
JA全農広報部 監修

KADOKAWA

はじめに

杏《あ》耶《や》です
食べるの大好き！
食べものを描くことも
大好きな
イラストレーターです
そんな私が
一番心躍る料理
それは……
どんぶりです！
どんぶりの良いところ
それは——
お米がいっぱい食べられる！
1プレートで済む！
無限のバリエーション！
ビジュアルが華やかでテンションが上がる！
そんなどんぶり大好きな私が
全国の農家さんがおすすめする
どんぶりレシピを
JA全農さんに教わってきました

お米や野菜 牛や豚 鶏を
育てている農家さん
だからこそ知っている
とびきり美味しいレシピが
そこにはありました
ん――…
この美味しい
どんぶりの数々を
みんなにもっと
知ってもらうには…
ピコーーン!!
…ということで
私が「おかみ」となって
この本の中で開店した食堂
「どんぶり食堂」を
ぜひお楽しみください!
どんぶり食堂
丼フェア
いらっしゃいませ!

目次

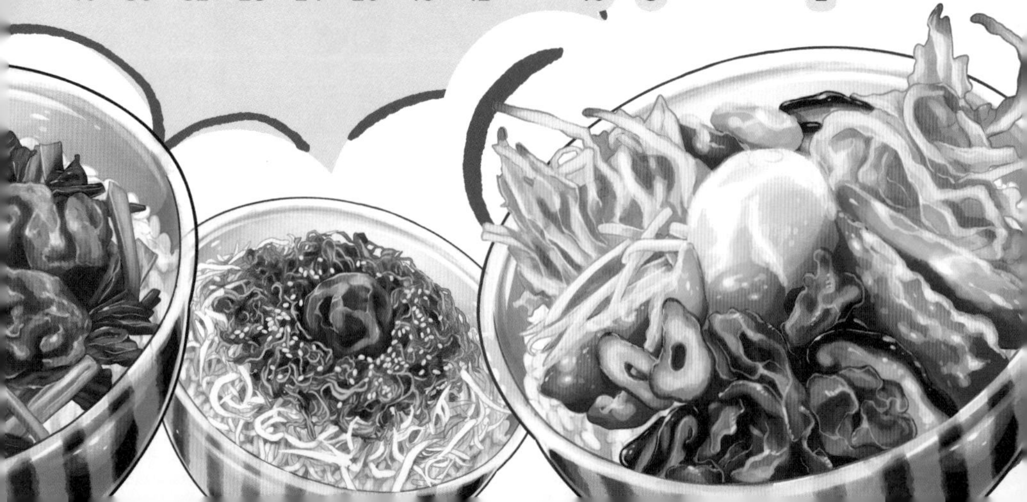

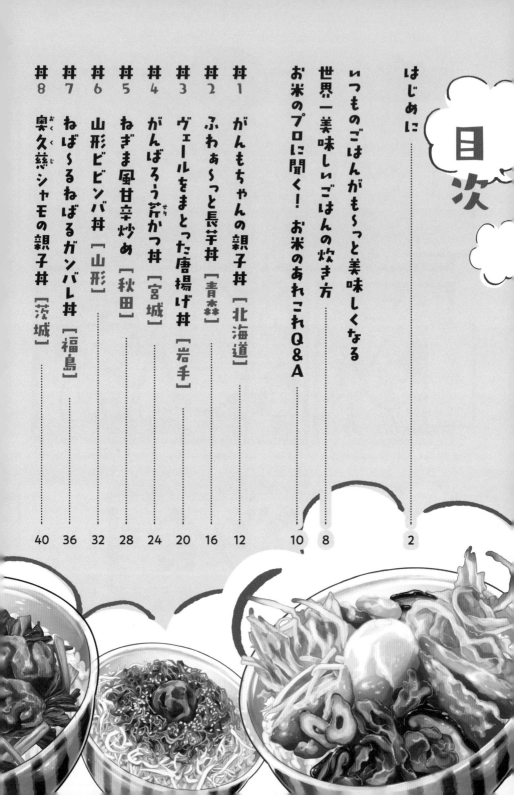

デザイン 松田剛、大矢佳喜子（東京100ミリバールスタジオ）／
DTP 小川卓也（木蔭屋）／校正 鷗来堂／編集長 山﨑旬／編集 深川奈々

いつものごはんがも〜っと美味しくなる

世界一美味しいごはんの炊き方

どんぶりの土台となるごはんも美味しく食べたい!…ということで、JA全農パールライスさんにお米に関するあれこれを教えてもらいました。お米のプロに伺った世界一美味しいごはんの炊き方で、どんぶりをも〜っと美味しくいただきましょう!

ポイントを押さえて美味しいごはんを炊こう!

〜1人分の場合〜

1 お米は、カップすり切りで1合!きっちり量ろう

お米を美味しく炊くために最も重要なのが計量。お米の量を正確に量らないと、この後に入れる水の量が正確ではなくなってしまうので、まずはお米を正確に量り入れることが重要なのです。

2 手早く洗おう

まずはたっぷりの水を注ぎ、浮いている米粒を沈めて2〜3回ほど大きくかき混ぜてから水を捨てます。その後、ひたる程度の水を注ぎ、シャカシャカと混ぜるように洗います。その後は水を加えて軽く混ぜ、水が濁ってきたら捨てるという作業をくり返します。水が透明になるまで行いましょう。

POINT

最近の精米機は性能が良いので、ぎゅっぎゅっと力を入れて洗う必要はありません。最初はお米の表面がぬるぬるしていますが、キシキシ、ゴツゴツとした手触りになったらぬかが落ちたサイン。
ざるあげする場合、あげた状態で長時間置くとお米が割れてしまうこともあるので手早く作業します。

3 水加減は正確に

水はお米の容積の1.2倍。炊飯器で炊く場合は、内釜を平らな場所において、水を目盛りまで静かに注ぎます。水加減を合わせたら、水平の状態で内釜（鍋）を一方向にくるくるまわします。お米の真ん中が少し盛り上がった状態で炊くと、炊きムラもなく、炊きあがりが平らになります。

POINT

はじめはきっちり分量（目盛り）どおりの水加減で炊きます。その後は、やわらかめ、かためなど自分の好みに合わせて、水加減を調整しましょう。

4 水に浸けて寝かせよう

お米の中心まで十分に水を吸わせるために水に浸けます。短くても30分、冬場は60分ほどが目安です。水温によって差がありますが、2時間ほどでお米は飽和状態になります。低い温度で2時間ほど浸けると、やわらかめのふっくらごはんに炊きあがります。

5 スイッチオン！

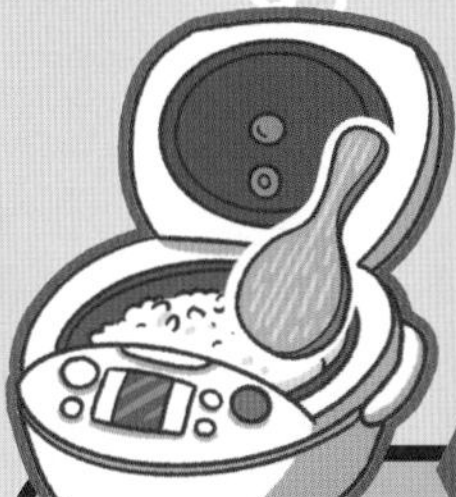

6 蒸らしてからほぐそう

炊き上がったら10〜15分ほど、そのまま蒸らします。そのあと、すみやかにほぐします。内釜にそってしゃもじを入れて周りをはがしたら、十字に切って天地を返して、優しくごはんをほぐします。均一に混ぜることで、余分な水分を飛ばします。

POINT

炊飯器で炊く際は蒸らし時間が炊飯時間に含まれている場合もあるので、説明書を確認しましょう。

いただきます！

お米の
プロに聞く！

お米のあれこれQ&A

Q 無洗米がうまく炊けません！

A 普通精米はお米の表面の肌ぬかが残っているので洗って落としますが、無洗米は肌ぬかも取り除いてあります。無洗米はお米の大きさが普通精米より小さいので、同じ白米（普通精米）用の1合カップで計量しても少し多めになってしまいます。1合につき、大さじ1程度の水を追加してください。炊飯器に無洗米用の目盛りがある場合は、それに合わせます。もしくは、無洗米専用のカップで量り、「白米（普通精米）の目盛り」に合わせて水を注ぐとよいでしょう。

Q 精米の保管方法は？

A お米はにおいを吸収しやすいので、密閉容器に入れて、冷蔵庫の野菜室など涼しい場所で保管するのがおすすめです。量販店などで販売しているお米の袋には通気の穴があいているので、そのまま保管するのは避けます。精米から1～2ヶ月以内を目安に食べきりましょう。

Q 炊いたごはんの保存方法は…？

A 温かいうちに薄く平らにした状態でラップに包み、あら熱を取ってから冷凍します。炊飯器で長時間保温すると、ごはんが変色して味が落ちてしまいます。また、冷蔵庫で保存すると、でんぷんが老化して硬くなってしまうので、冷凍庫で保存してください。

次のページから
どんぶりレシピ
はじまるよ！

丼1

がんもちゃんの親子丼

1人前

ご飯…

米	1合
大豆(ゆでたもの)	70g
塩	少々

がんも…

豆腐	½丁(150g)
枝豆(ゆでたもの)	60g
ニンジン	小¼本

がんも味付け

水	100cc
めんつゆ	30g
砂糖	大さじ1

ひじき	2g
米粉	30g
長芋(すりおろし)	大さじ1~2
卵	½個
枝豆(ゆでたもの)	適量

※トッピング用 揚げ油 適量

北海道
仕事を始める前の
1杯は格別だな〜
プハーッ
牛乳を飲んだら
北海道が恋しく
なっちゃった…
本当に美味しいもの
たくさんあったな〜
今日は営業日初日！
気合入るなー！ よし作るか！
レンジ600Wで2分チンして
水切りした豆腐
ゆでた枝豆 ニンジンの千切り
ひじき 米粉 卵を入れて混ぜる
まぜ
まぜ

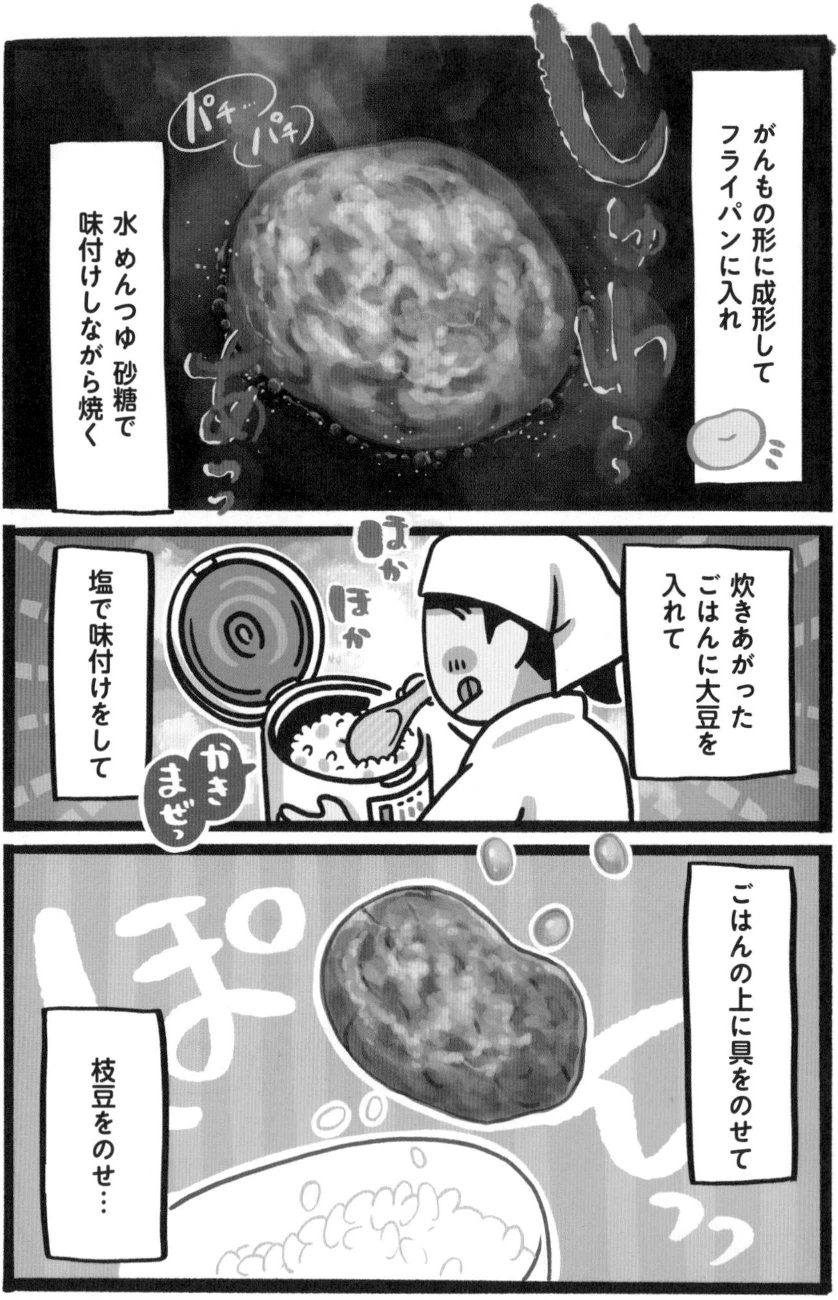

がんもの形に成形して
フライパンに入れ
パチ…パチ
水 めんつゆ 砂糖で
味付けしながら焼く
炊きあがった
ごはんに大豆を
入れて
ほかほか
塩で味付けをして
かきまぜっ
ごはんの上に具をのせて
枝豆をのせ…

がんもちゃんの親子丼
北海道って海産物のイメージがあるけど 全国有数の大豆の産地だし野菜大国でもあるのよね〜
いただきまーすっ
ふんわふわだぁ〜
パクッ
美味しさ!! ナイスショット
ス
パコ
シ!!
早くお客さんにも食べてもらいたいな〜!

丼2

ふわあ〜っと長芋丼

スッキリ
シャッキリ!!
ヘルシー
満腹丼!!

1人前

米	1合
長芋	80g
大根	15g
リンゴ(すりおろし)	大さじ1
ニンジン	⅓本
北寄貝《ほっきがい》	1個(冷凍でも可)
大葉	1枚(細切り)

調味料…

サラダ油	小さじ½
鶏ガラスープの素	少々
酢	少々
塩、コショウ	少々
白しょうゆ	少々
和風だし(顆粒)	少々
塩	少々
白ゴマ	少々

しょうゆ	50cc	砂糖	大さじ1
みりん	100cc	塩	少々
酒	100cc		

青森
ん…
こう見ると
ガッツリ系が
多いなー…
親子丼
カツ丼
ん…
今日は青森の新鮮な
食材が入ったし…
さっぱりでヘルシーな
丼にしようっ
ドーン

※調味料A・BはP16を見てね!

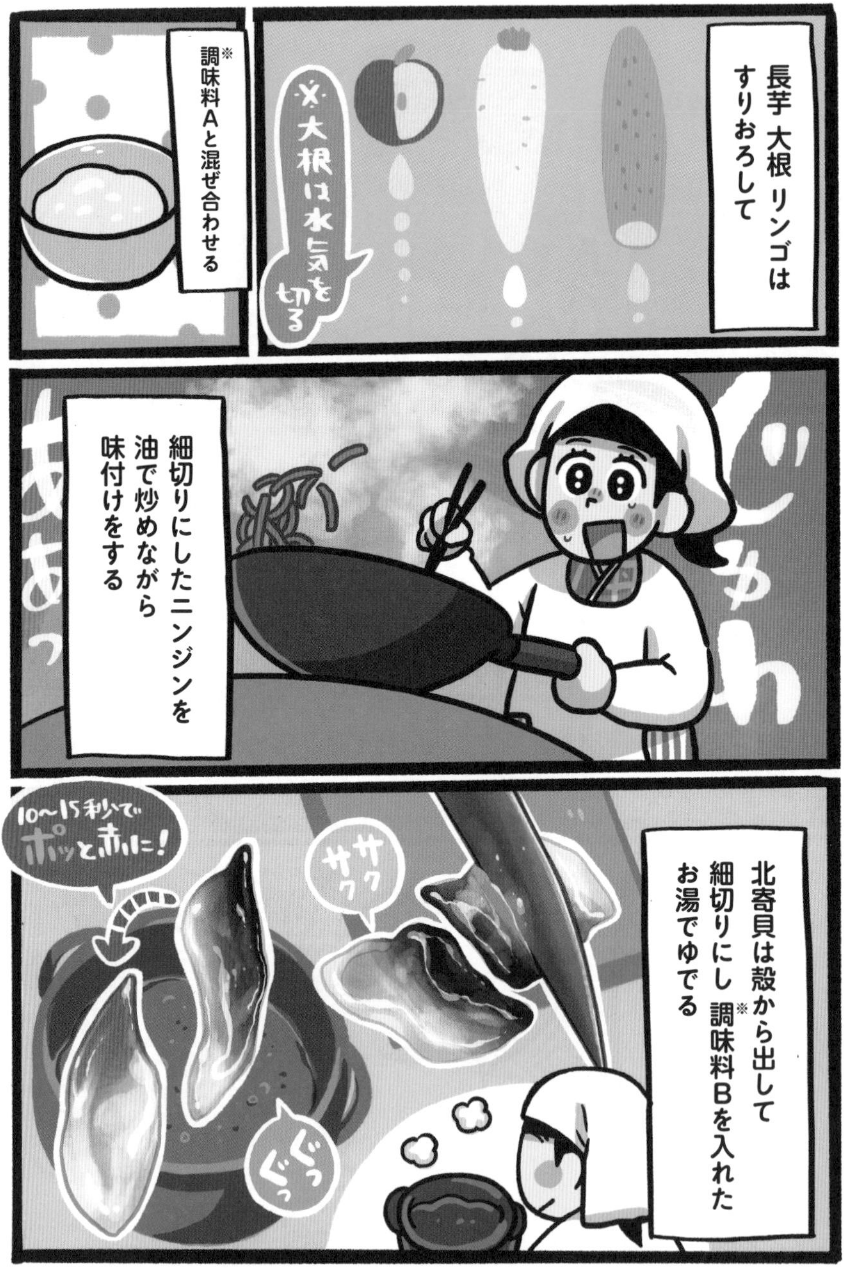
長芋 大根 リンゴは
すりおろして
※大根は水気を切る
※調味料Aと混ぜ合わせる
じゅわ
細切りにしたニンジンを
油で炒めながら
味付けをする
あぁっ
北寄貝は殻から出して
細切りにし ※調味料Bを入れた
お湯でゆでる
サクサク
10~15秒でポッと赤に!
ぐつぐつ

ふぁ〜っと長芋丼
ごはんに白ゴマをかけて
ニンジン 長芋 北寄貝を
のせて…
大葉をかけて
完成!!
トロトロだぁ〜
んっ
もぐ…
はぁ〜
ニンジンのシャキシャキ歯ごたえと長芋のトロトロが絶妙にマッチしてる〜リンゴの酸味もナイスアクセント!
長芋は疲労回復と消化吸収をサポートするからさっぱり丼にはぴったり
新メニューはこれで決まりっと…!
キュッ
新メニュー ふわぁ〜っと長いも

丼3

ヴェールをまとった唐揚げ丼

プチヴェールの代用は

ブロッコリーやホウレンソウで!!

1人前

ご飯…

米 …… 1合

唐揚げ…

鶏モモ肉 …… 100g

調味料A

酒 …… 大さじ½
しょうゆ …… 大さじ1
削り節(カツオ節) …… 5g

片栗粉 …… 適量
サラダ油 …… 適量
卵 …… 1個
マヨネーズ …… 大さじ1
プチヴェール …… 適量
塩 …… 少量
コショウ …… 適量
パプリカ(赤) …… 適量

岩手
ブル…
んっ
なんか急に涼しくなってきたなぁ…
涼しくなってきたということは…
ふふふ
揚げものがつくりやすいっ
単純っ
鶏モモ肉を食べやすいサイズに切り 調味料Aに漬け込み味をつける

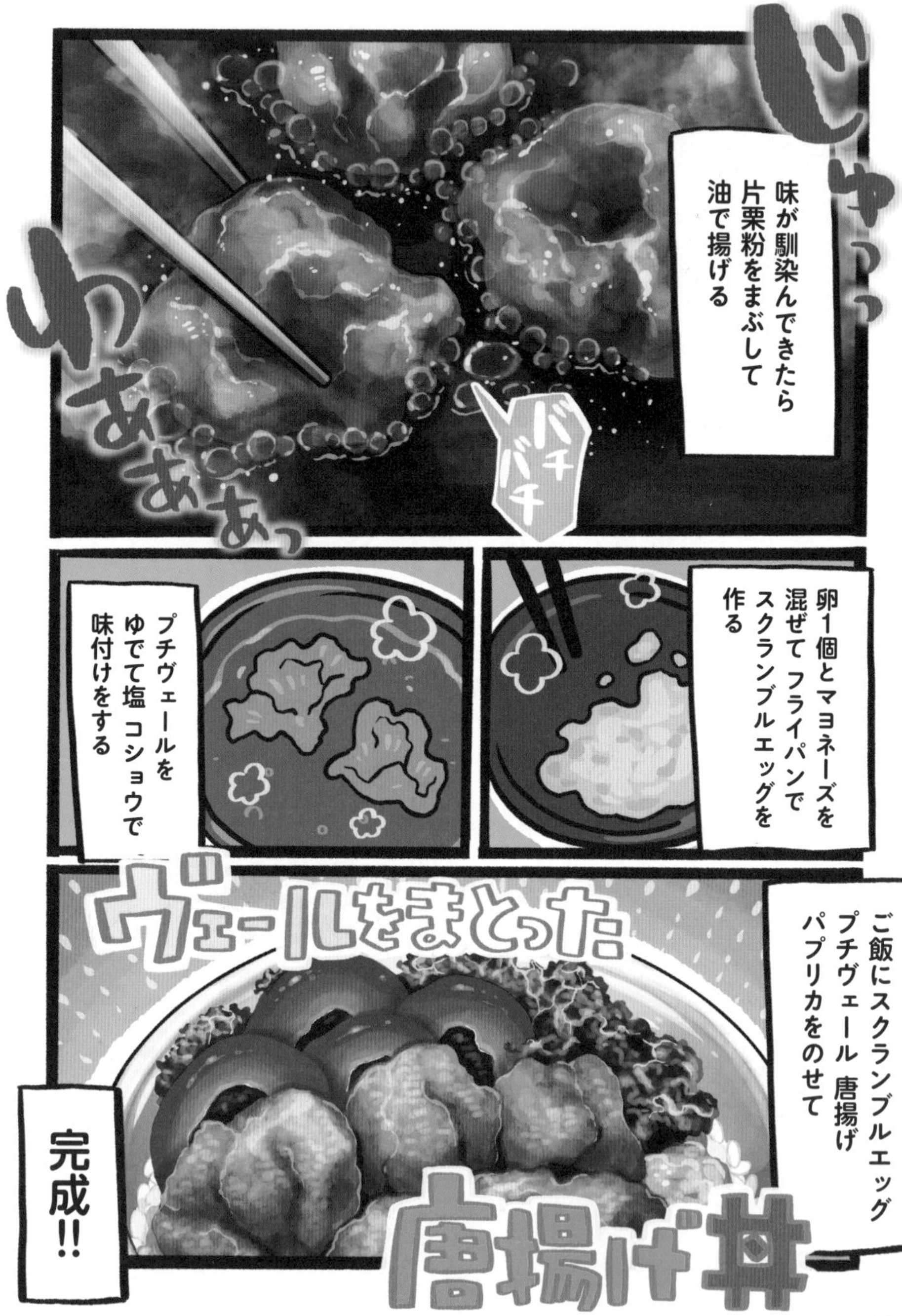
じゅゎっ
味が馴染んできたら
片栗粉をまぶして
油で揚げる
わあぁあっ
バチバチ
卵1個とマヨネーズを
混ぜて フライパンで
スクランブルエッグを
作る
プチヴェールを
ゆでて塩 コショウで
味付けをする
ご飯にスクランブルエッグ
プチヴェール 唐揚げ
パプリカをのせて
ヴェールをまとった
唐揚げ丼
完成!!

プチヴェールを唐揚げに巻いて…
くる〜っと!!
こうするとフリルをまとった
唐揚げ姫のよう…!
お口の中に入城…
パクッ
ずっと閉じ込めていたぁい…
はあぁぁあっ
さっぱり食べられていいなぁ〜!
夏の揚げものもいいけど
秋は作り手にとって
いい季節でうれしいなっ
いらっしゃーい!
新作の丼もあるよーっ

丼4

がんばろう芹かつ丼

香りと歯応えは
芹でなければっ
芹がポイント!!

1人前

- 米 …… 1合
- 豚ロース肉(とんかつ用) …… 1枚
- 塩、コショウ …… 少々
- タマネギ …… 1/8個
- 薄力粉、溶き卵、パン粉 …… 適量
- サラダ油 …… 適量
- 芹 …… 1/2束

調味料A

- みりん …… 大さじ1/2
- 酒 …… 大さじ1/2
- しょうゆ …… 大さじ1/2
- 砂糖 …… 小さじ1
- 水 …… 80cc
- 和風だしの素 …… 少々

宮城
……っっ
んぁ——っ!!
同点だー!!
こうなったら…っ
アレを作るっっっ
「アレ」…?

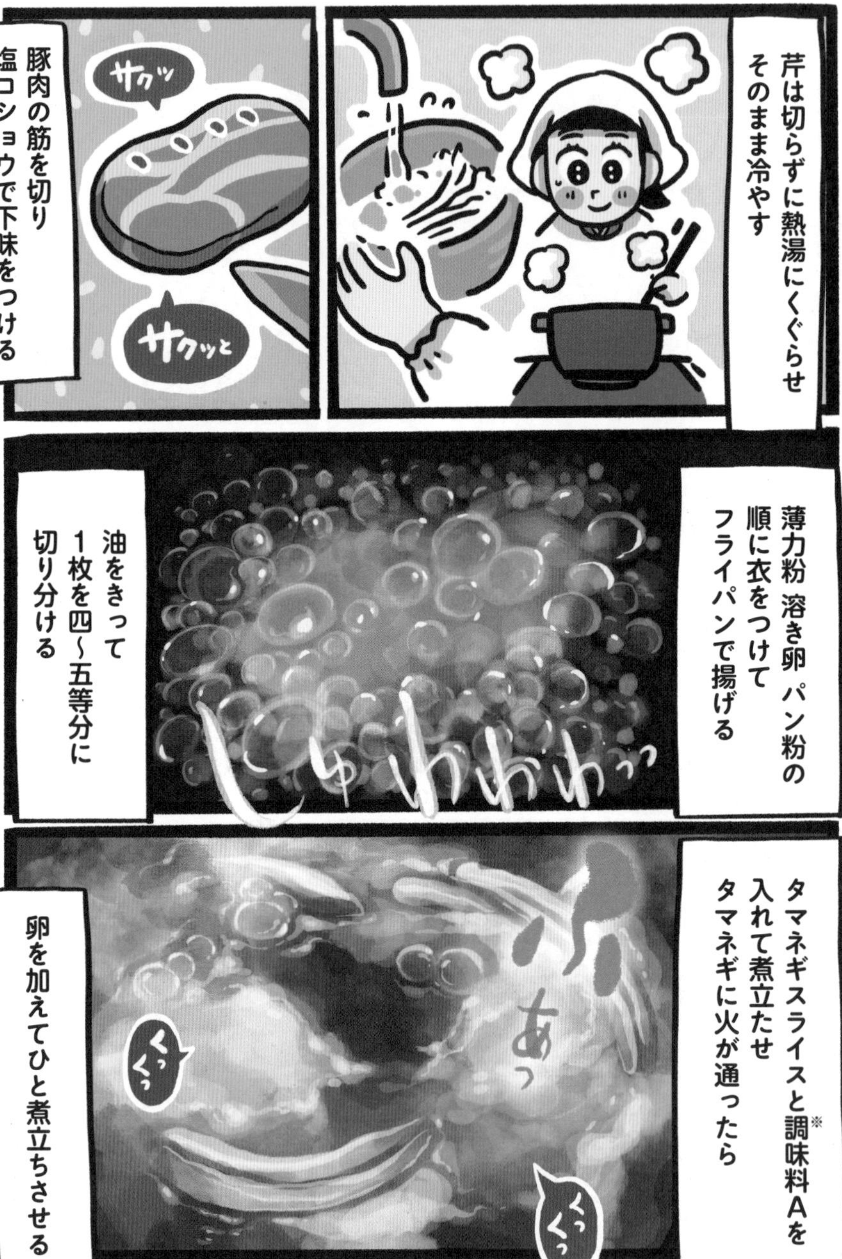
芹は切らずに熱湯にくぐらせ
そのまま冷やす
豚肉の筋を切り
塩コショウで下味をつける
サクッ
サクッと
薄力粉 溶き卵 パン粉の
順に衣をつけて
フライパンで揚げる
しゅわわわっ
油をきって
1枚を四～五等分に
切り分ける
タマネギスライスと調味料A※を
入れて煮立たせ
タマネギに火が通ったら
あっ
くっくっ
くっくっ
卵を加えてひと煮立ちさせる

※調味料AはP24を見てね！

がんばろう
芹(せり)かつ丼
器にカツと卵をのせ芹を散らして
完成!!
カッ!!
みんなで食べてっ
…!
もぐもぐ…
…っっ!?
ゴクン…
カキーン
ワァァー!
やった——!!
丼パワーだ!!
違うよ選手達の力だよ…
調子にのっちゃダメっ
はい…

丼5

ねぎま風 甘辛☆炒め

食欲増進の一杯!!

ねぎは「白神ねぎ」「秋田美人ねぎ」がピッタリ!!

1人前

米 …… 1合
鶏モモ肉（2cm角に切っておく） …… ½枚
長ネギ（2cm角に切っておく） …… 1本
砂糖 …… 小さじ1
七味 …… 適量（お好みで）

調味料A

酒、水 …… 各大さじ½
砂糖 …… 小さじ1
みりん …… 小さじ1
しょうゆ …… 大さじ1

秋田
あっ こんにちは
こんにちは～
かわいいコですね
秋田犬の赤ちゃんか～
元気いっぱいですね～
ハッ
ハッ
食べに来てねー（犬用作るから）
アン!!
秋田か…

※調味料AはP28を見てね!

ガラ
来ていただいてありがとうございます
キャン
いえいえ～楽しみにしてたので
さっそくいただきます
わっ！甘辛いお肉と炒めて甘くなったネギが美味しいです～
もぐもぐ
お肉もやわらかいです～
砂糖で揉み込むのがポイントです
こっちはアキくんのねネギなし！（味付けもなし）
アーン
美味しいね

丼6

山形ビビンバ丼

温泉卵でもOK!!
もやしもにんじんも
食感が残るくらいが
オススメ!!

1人前

米	1合
豚バラ肉	30g
豚ひき肉	50g
豆もやし	¼袋
ニンジン	¼本
青菜漬《せいさいづけ》	40g
ニンニク	½片
卵	1個
リンゴ	¼個（※飾りは別）
塩こうじ	小さじ1
味噌	小さじ1
だししょうゆ	小さじ1
食べるラー油	少々（お好みで）
ゴマ	少々（お好みで）

山形
王将
そういえば
おかみさんの出身ってどこなんですか？
モアイ県
山形よ～
キュッ…
!
山形といえば
さくらんぼですね
果物も美味しいけれど
他にも山形には美味しいオススメがあるのよね…
それで
丼を作ってみようかな～
わーいっ

リンゴとニンニクのすりおろしを
ひき肉と一緒に炒め
味噌とだししょうゆを入れて
そぼろを作る
じゅっ
モヤシ ニンジンを千切りにしてレンジ600Wで2分
青菜漬《せいさいづけ》を一緒に混ぜる
塩こうじに漬けた豚肉を焼く
バチ
じゅわっ

山形ビビンバ丼
リンゴと卵に お好みで 食べるラー油をかけて…
完成!!
さあっ! 一緒に食べましょ!
いただきます!
んっー!
甘辛そぼろとシャキシャキのお漬物が合う!
それは青菜漬っていってね乳酸発酵食品で食物繊維も豊富なの!
山形ってそんな名物もあるんですねえ!
そうなのーっ!!

ねば～るねばる ガンバレ丼

丼7

ネバネバパワー!!
油しそみそで
コクをプラス!!

1人前

- 米 ……… 1合
- 長芋 ……… 100g
- 納豆 ……… ½パック
- 油しそ味噌 ……… 30g
  （味噌のしそ巻を油で揚げたもの）
- 牛・豚合いびき肉 ……… 30g
- キュウリ ……… ¼本
- アスパラガス ……… 1本
- アボカド ……… ¼個
- オクラ ……… 2本
- グリーンピース ……… 20粒
- 卵黄 ……… 1個
- ニンジン ……… ¼本
- ウインナーソーセージ ……… 1本

福島
あっ！
おはよう～ 朝から
頑張ってるね～
ハッ
ハッ
実は来週
大会があって
へ
へ——っ
じゃあ応援がてら1杯何か作るから
帰りに寄ってってよ
はいっ
寄りまーすっ

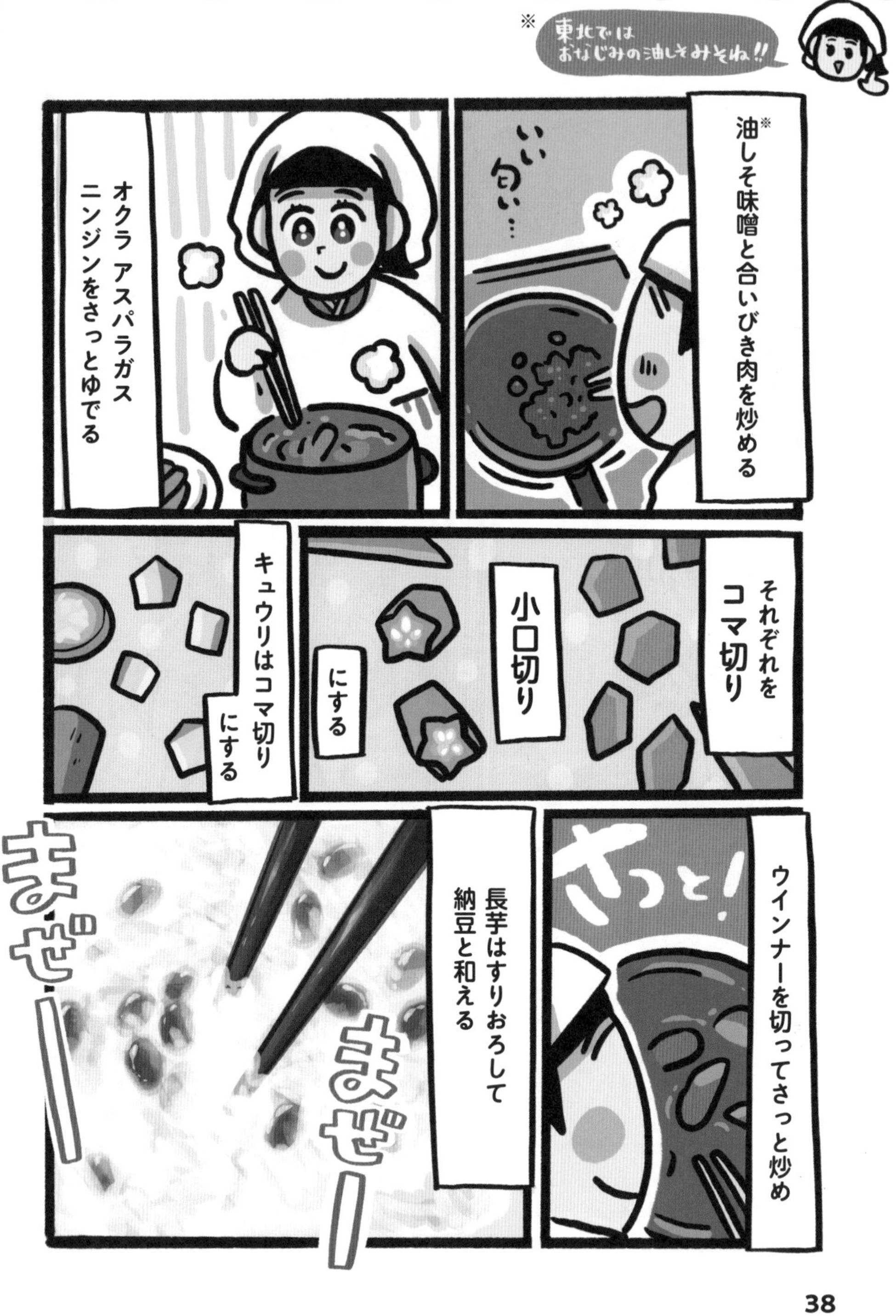

※東北ではおなじみの油しそみそね!!
油しそ味噌※と合いびき肉を炒める
いい匂い…
オクラ アスパラガス ニンジンをさっとゆでる
それぞれをコマ切り
小口切り
にする
キュウリはコマ切りにする
ウインナーを切ってさっと炒め
さっと!
長芋はすりおろして納豆と和える
まぜー
まぜー

ねば〜るねばる
ガンバレ丼
具材をバランスよくのせて
卵黄を置き
完成!!
わぁ！キレイな色
ネバネバ食材は
体にもいいし
ねばり強く
自分が納得できる
走りができると
いいねっ!!
はいっ
最後まで諦めないで
がんばりますっ
ネバーギブアップだね！
ねばーねば！
美味しい〜〜！

丼8

奥《おく》久《く》慈《じ》シャモの親子丼

奥久慈シャモは
うま味と深い味が
別格っ!!
ジューシー
ふわとろ

1人前

米 …… 1合
シャモ肉(モモorムネ) …… 75g
タマネギ …… 1/8個
卵 …… 2個
三つ葉、ニンジン(薄切り) …… 適宜

調味料A

だし汁 …… 50cc
しょうゆ …… 大さじ1
みりん …… 大さじ1
砂糖 …… 小さじ1

茨城
はぁ～～～っ
よし
ちょっと待ってて！
季節の変わり目は体がだるくて力が出ない…
うんうん
わかる…
そんな日もあるよね…

※調味料AはP40を見てね！

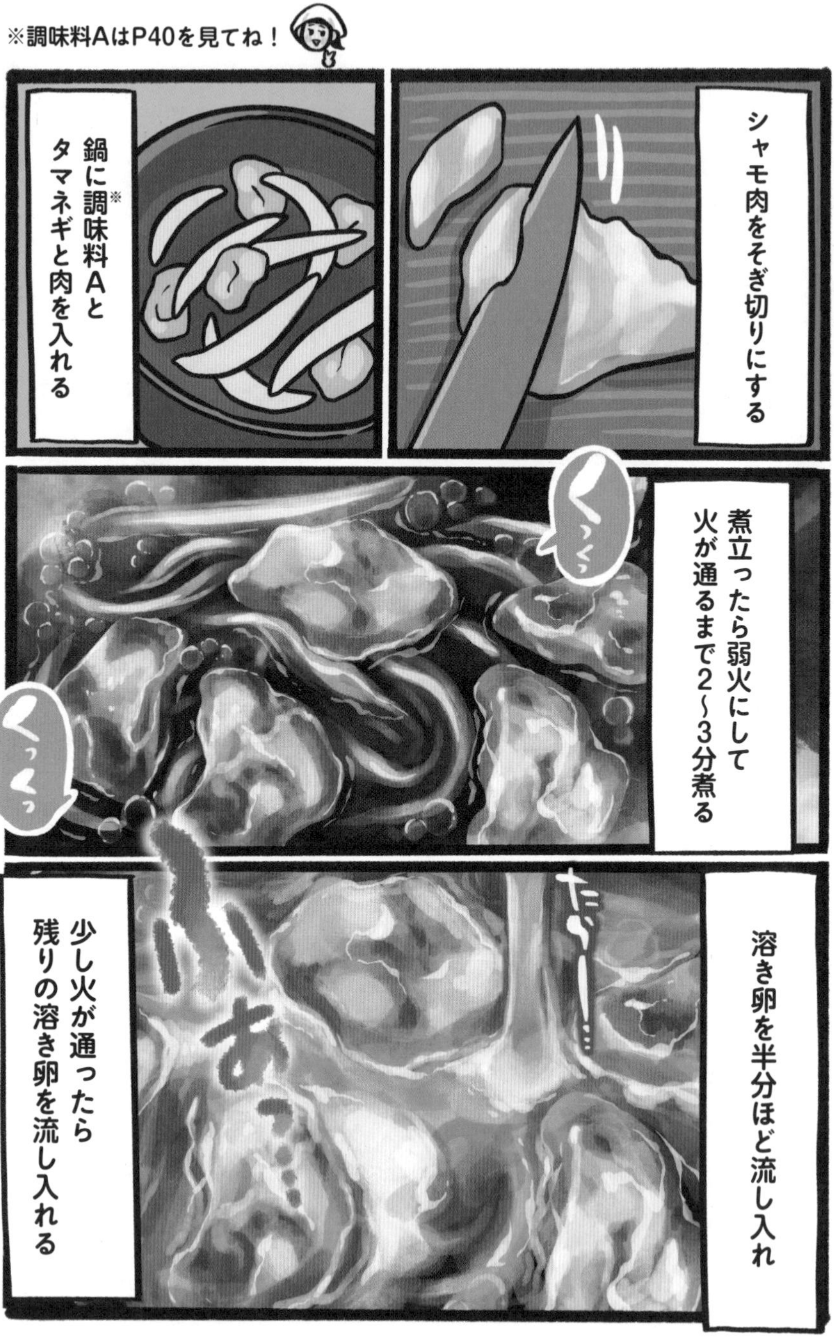

奥久慈《おくくじ》シャモの
親子丼
卵に火が入りきらないうちにごはんにのせて
卵黄と三つ葉をのせて…
完成!!
わ
おぉ
とろとろの優しい味が心を癒す〜〜
肉のガッツリが心の火を灯すっ!!
無理のない程度に頑張ろうね〜〜!
うま
うま
ガッガッ

#9

とちぎ夢ポークばら丼

とちぎゆめポークは
豚肉本来の甘みを感じられるよ
甘辛で香ばしい味付けが
食欲をそそるよ

1人前

米	1合

サラダ油	適量
豚バラ肉	75g
ニラ	½束
タマネギ	¼個
卵	2個
イチゴ	1個

焼肉のたれ	適量
片栗粉	大さじ½
砂糖	大さじ1
塩	少々

栃木
どんぶり食堂ドラマ化しますっ
祝★ドラマ化
みんな――っ
ありがと――!
今日はみんなに1杯プレゼントしちゃいます

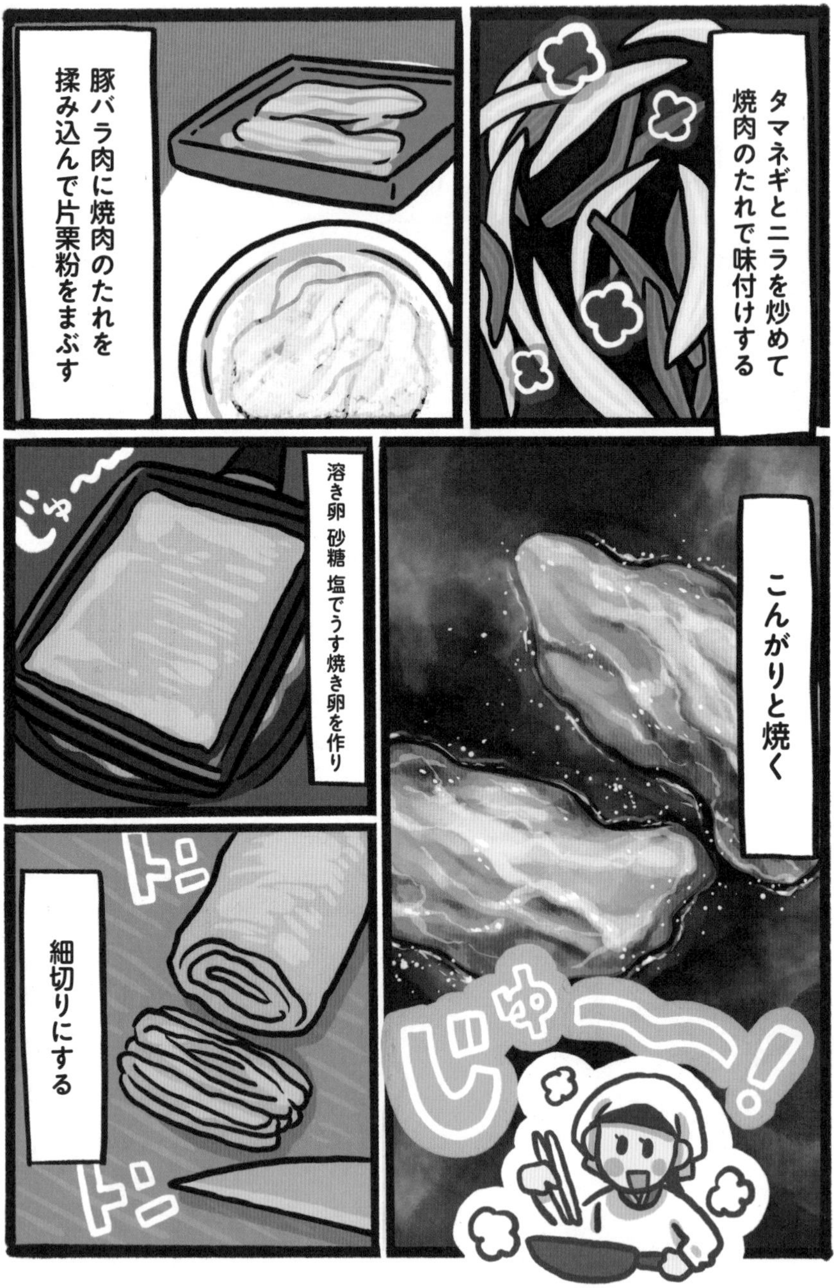
タマネギとニラを炒めて焼肉のたれで味付けする
豚バラ肉に焼肉のたれを揉み込んで片栗粉をまぶす
こんがりと焼く
じゅ〜〜!
溶き卵 砂糖 塩でうす焼き卵を作り
じゅ〜
細切りにする
トン
トン

とちぎ夢ポーク
ばら丼
お肉と卵と野菜をのせイチゴを盛り付けて
完成!!
いただきまーす
豚肉あまーい
栃木の「ゆめポーク」は豚肉本来の甘みを存分に感じられる夢みたいな豚肉で～
夢みたい…な
パチーン!!
…あれ…?
ぼー…
あっ

井10

群馬がぎゅっ！すき焼き丼

群馬県はすき焼きに必要な食材を県産でそろえることができるよっ
牛肉と豚肉どちらも楽しめる丼だよっ

1人前

米	1合
牛ロース肉	40g
豚ロース肉	40g
長ネギ	1/8本
しらたき	10g
シイタケ	1個
エノキ	適量
ニンジン	適量
白菜	1/2枚
春菊	1〜2株
温泉卵	1個
焼き豆腐	1/8丁
すき焼きのたれ	1人分

（希釈割合による）

群馬
フキ…
フキ…
コト…
ガラッ
あっ いらっしゃい!!
はー…肌寒くなってきたなぁ〜
くしゅっっ

長ネギは斜め切りに
春菊は7〜8㎝に
白菜は5㎝にカットして
エノキは石づきをとり
焼き豆腐は4等分にする
トン
トン
しらたきは1分程度ゆでて
アクを抜く
シイタケの軸をとり
ニンジンは5㎜に輪切りする
鍋にすき焼きのたれを入れ
火にかける
先に野菜を入れる
肉を加え アクを
とりながら煮る

群馬がぎゅっ!
すき焼き丼
汁と具をガッツリのせて温泉卵をのせたら
完成!!
おっ! 肌寒い日にいい丼だねっ
でしょ~
おかみも一緒に食べなよ~
そうしよ!!
ぱくっ
あったまるー…
甘辛だれがお米にからんでいいねっ
気持ちもあったまるねぇ…

#11

野菜たっぷりミート丼

大人はりんごジュースの代わりに
赤ワインを使ってみてねっ

ねぎは焼き色が
つくまで焼くのが
おすすめっ!!

1人前

米	1合
合いびき肉	120g
タマネギ	1/4個
ニンジン	1/8本
マッシュルーム	2個
リンゴジュースもしくは赤ワイン	50ml
ナツメグ	少々
ブイヨン（固形）	1/2個
トマト缶（カット）	150g
キャベツ	1/8個
ネギ（中細）	1本
粉チーズ	適量

埼玉
やさい!ぜったい!いれて!
ポロ…
い…「入れないで」じゃなくて?
ボクやさい苦手なんだけどお母さんが…食べたらおっきくなれるって
じゃあ野菜たっぷりのどんぶりを作るねっ!

※リンゴジュースを赤ワインに代えてもOK！

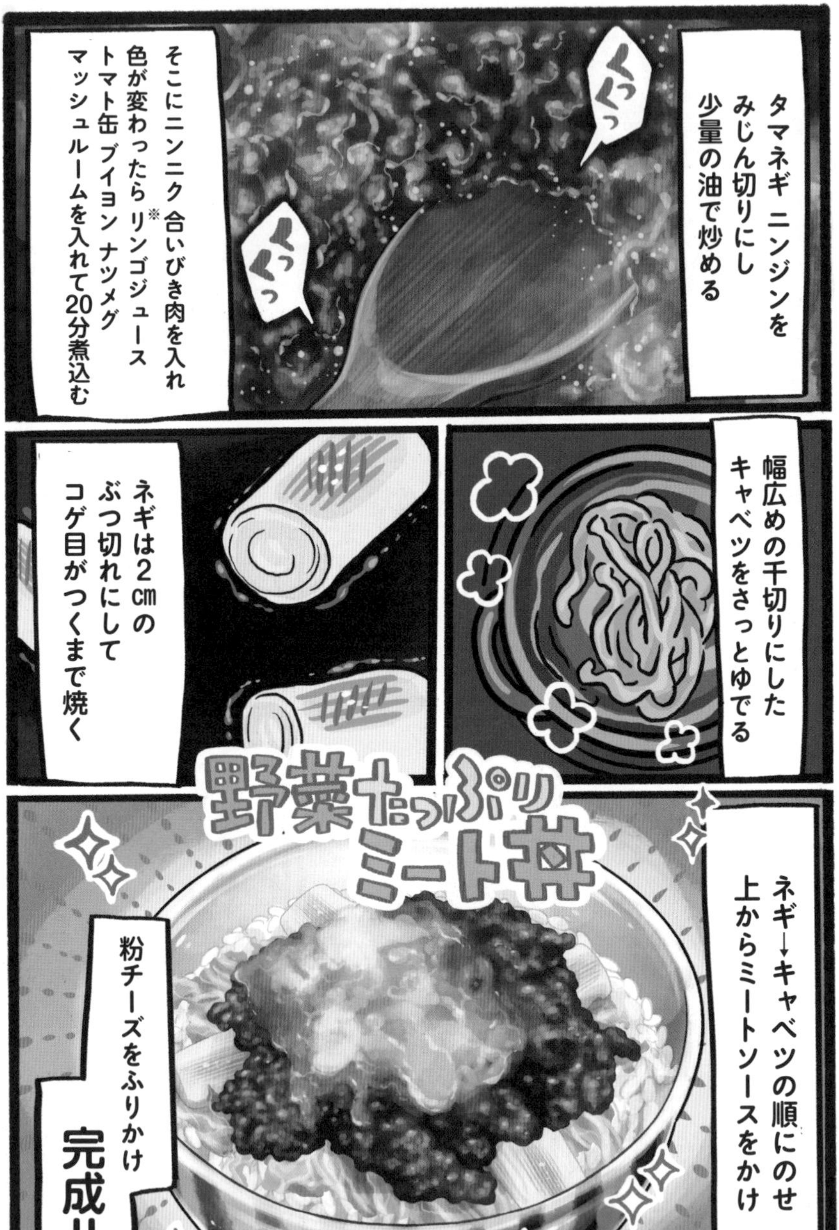
タマネギ ニンジンを
みじん切りにし
少量の油で炒める
くっくっ
くっくっ
そこにニンニク 合いびき肉を入れ
色が変わったら リンゴジュース※
トマト缶 ブイヨン ナツメグ
マッシュルームを入れて20分煮込む
幅広めの千切りにした
キャベツをさっとゆでる
ネギは2㎝の
ぶつ切れにして
コゲ目がつくまで焼く
野菜たっぷり
ミート丼
ネギ→キャベツの順にのせ
上からミートソースをかけ
粉チーズをふりかけ
完成!!

おそる…
おそる…
パク。。
やさい
おいしっ
よかったぁ
実はお肉のソースにもしっかり野菜が入ってるんだよ！
それも食べたら大きくなれるよ！
うんっっ!!

丼12

カラフルVege《ベジ》豚《トン》丼《ドン》

油でパリッと揚げた野菜チップスは豚肉との相性ぴったり

野菜もお肉もボリュームたっぷりっ

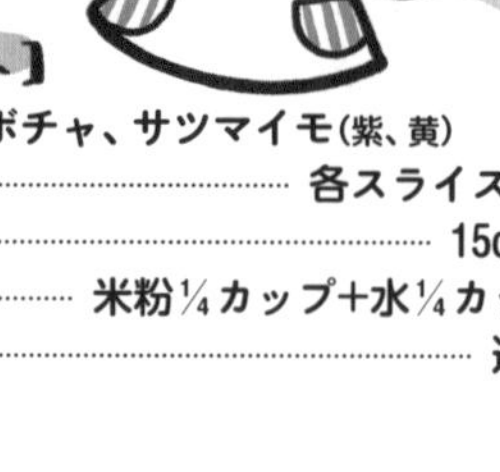

1人前

米 …… 1合

［焼肉］

豚モモ肉（薄切り） …… 80g
タマネギ …… ⅛個

［みそだれ］

味噌 …… 大さじ1
コチュジャン …… 小さじ1
ゴマ油 …… 小さじ1
すりゴマ …… 小さじ½
ニンニク（すりおろし） …… 少々
長ネギ（みじん切り） …… 適量
酒 …… 小さじ1
砂糖 …… 小さじ1

［野菜チップス］

レンコン、カボチャ、サツマイモ（紫、黄）
ニンジン …… 各スライス2枚
ゴボウ …… 15cm位
揚げ衣 …… 米粉¼カップ＋水¼カップ
サラダ油 …… 適量

［ふりかけ］

小松菜 …… 2株
白ゴマ …… 適量
酒 …… 小さじ1
ちりめんじゃこ …… 15g
しょうゆ …… 小さじ½
ゴマ油 …… 小さじ1

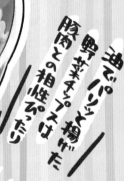

千葉
ん――…
どうしました？
何食べようか迷っちゃって…
ずらーっ
丼menu
苦手なものは？
ないでーす
何か希望とかは？
ありませーん
じゃあ私のオススメを作りますねっ
おーーっ！

小松菜はさっとゆでて細かく切り
水気を絞ったら ゴマ油を熱した
フライパンでちりめんじゃこ 白ゴマ
と一緒に炒め 酒としょうゆで味を調える
レンコン カボチャ サツマイモ
ニンジンを薄切りに ゴボウは
ピーラーで薄切りにする
野菜の水気をよくふき取り
衣を薄くつけてよく熱したサラダ油で揚げる
豚肉とタマネギを
油をひいたフライパンに入れ
味噌だれで炒める

カラフルvege《ベジ》豚《トン》丼《ドン》
全てを盛り付けて
完成!!
お客さんすごい顔でメニューを見てたからボリュームのあるどんぶりにしてみたよ
くいっ
おおおおっ!
って早いっっ!!
ガラッ
おかわりィィ
はーいっっ

#13

TOKYO X 煮豚ヒレ丼

コマツナはとろろと混ぜると
見た目もきれいで食べやすい!!
TOKYO Xは舌触りが
なめらかで口の中に甘みが広が
ります!!

1人前

米 ………… 1合
豚ヒレ肉(※あればTOKYO X) ………… 50g
酒、みりん、ショウガ、塩こうじ ………… 各適量
小松菜 ………… ¼束
山芋(とろろ) ………… 50g
めんつゆ ………… 適量
レンコン ………… 3㎝
バター ………… 適量
カレー粉、ウスターソース ………… 適量
煮卵 ………… ½個
ピクルス(練馬大根、パプリカ、キュウリ、ディル、鷹の爪、コショウ、甘酢) ………… 適量
もち麦入りごはん、白髪ネギ、ユズ ………… 各適宜

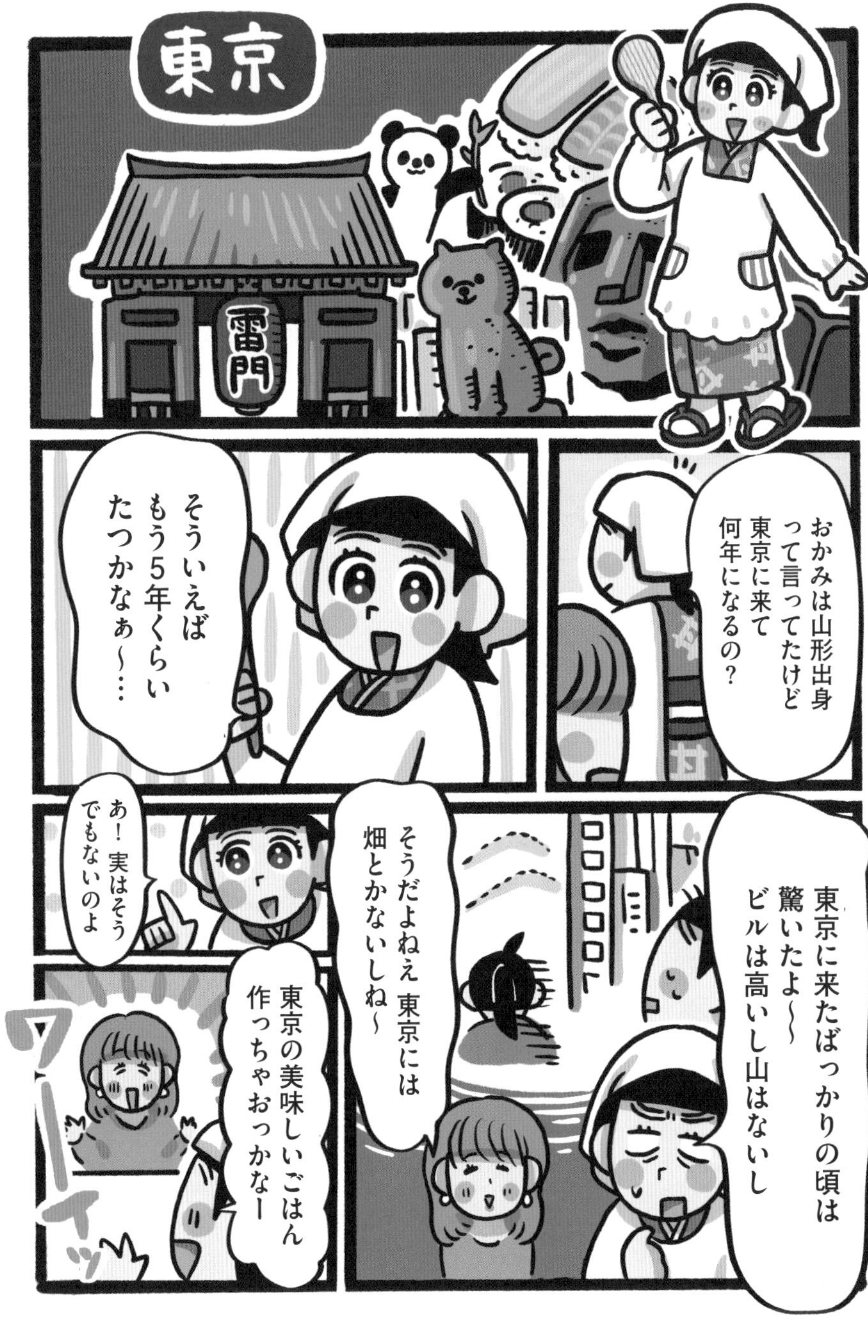
東京
雷門
おかみは山形出身って言ってたけど東京に来て何年になるの？
そういえばもう5年くらいたつかなぁ～…
東京に来たばっかりの頃は驚いたよ～ ビルは高いし山はないし
そうだよねえ 東京には畑とかないしね～
あ！実はそうでもないのよ
東京の美味しいごはん作っちゃおっかなー
ワーイッ

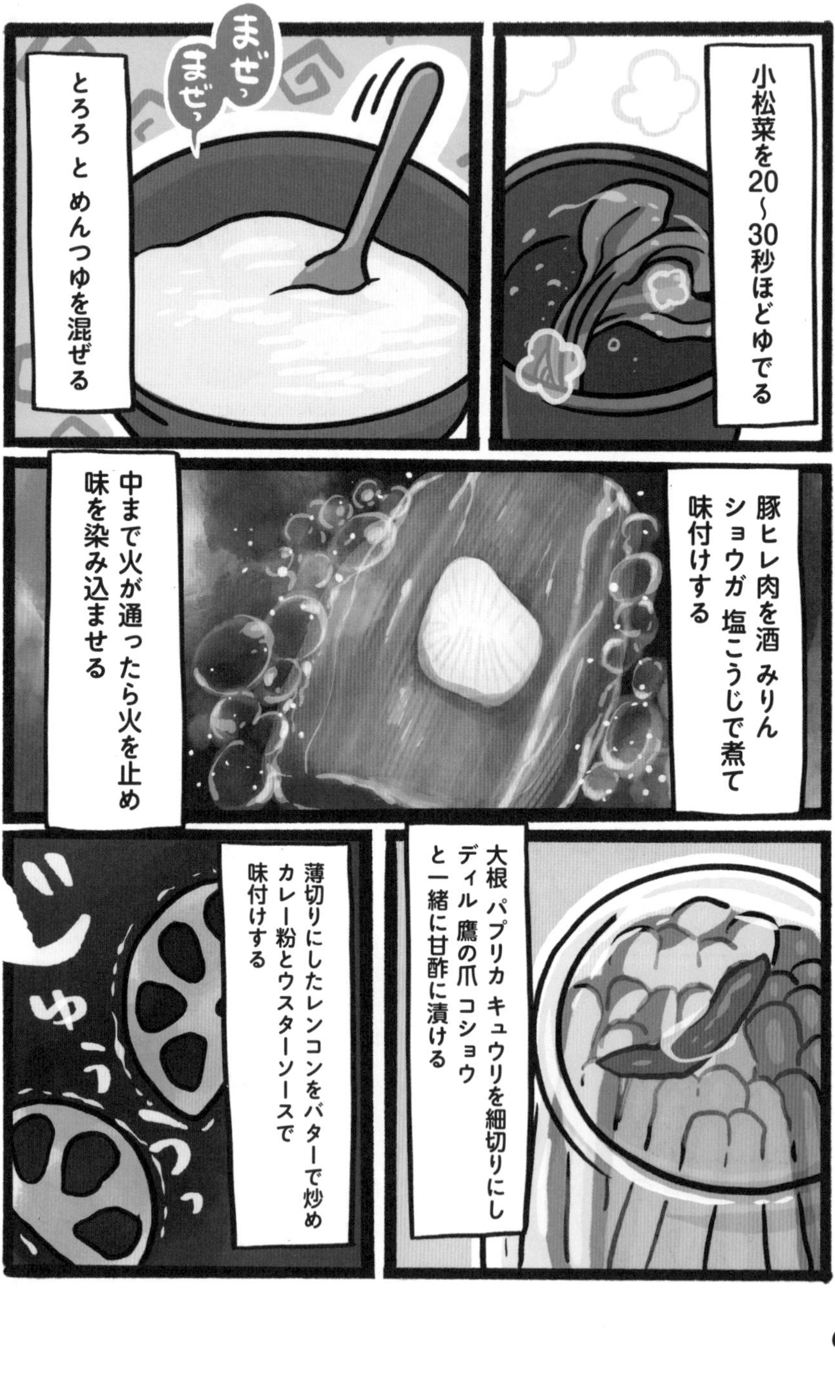

小松菜を20〜30秒ほどゆでる
まぜっ まぜっ
とろろ と めんつゆを混ぜる
豚ヒレ肉を酒 みりん
ショウガ 塩こうじで煮て
味付けする
中まで火が通ったら火を止め
味を染み込ませる
大根 パプリカ キュウリを細切りにし
ディル 鷹の爪 コショウ
と一緒に甘酢に漬ける
薄切りにしたレンコンをバターで炒め
カレー粉とウスターソースで
味付けする
じゅうぅぅっ

TOKYO X
煮豚ヒレ丼
煮卵 ピクルスなどをのせ 白髪ネギとユズを盛り付け
完成!!
美味しそ～！ 野菜もたっぷりですね
いただきます
んっ！ やわらかい！
実はその豚も野菜も東京のものなんだよ
東京に住んで食の仕事をして改めて思ったけど全国いろいろなところに農業を頑張って支えている人たちがいるんだなぁって…
美味しさにありがとうっ
ですねっ

こりこりパッパリ豚やが丼

#14

見て楽しんで、音で楽しんで
舌で楽しめる!!
肉巻きはくずれないように
しっかり巻いてね!

1人前

米	1合
豚ロース肉(薄切り)	3枚
蒸し大豆	15g
大葉	3枚
たくあん	2㎝
らっきょう漬け	2個
しば漬け	3片
小麦粉	適量
サラダ油	適量

［お好みの野菜］

ミニトマト	3個
春菊	適量

A

赤味噌	大さじ½
みりん	大さじ1
焼き肉のたれ	大さじ½

B

大豆(蒸し)	15g
レモン汁	小さじ1
ニンニク	少々
白味噌	小さじ½
しょうゆ	小さじ¼
塩	少々
水	大さじ1
砂糖	小さじ¼

神奈川
フウー…
おかみ今日も大量だねーっ
あっ！いらっしゃいっ
おかげさまで毎日日本全国の野菜とお肉がどっさり届いてるよ～
じゃあさっそくいただこうかなっ
おまかせあれ!!

※A、BはP64を見てね！

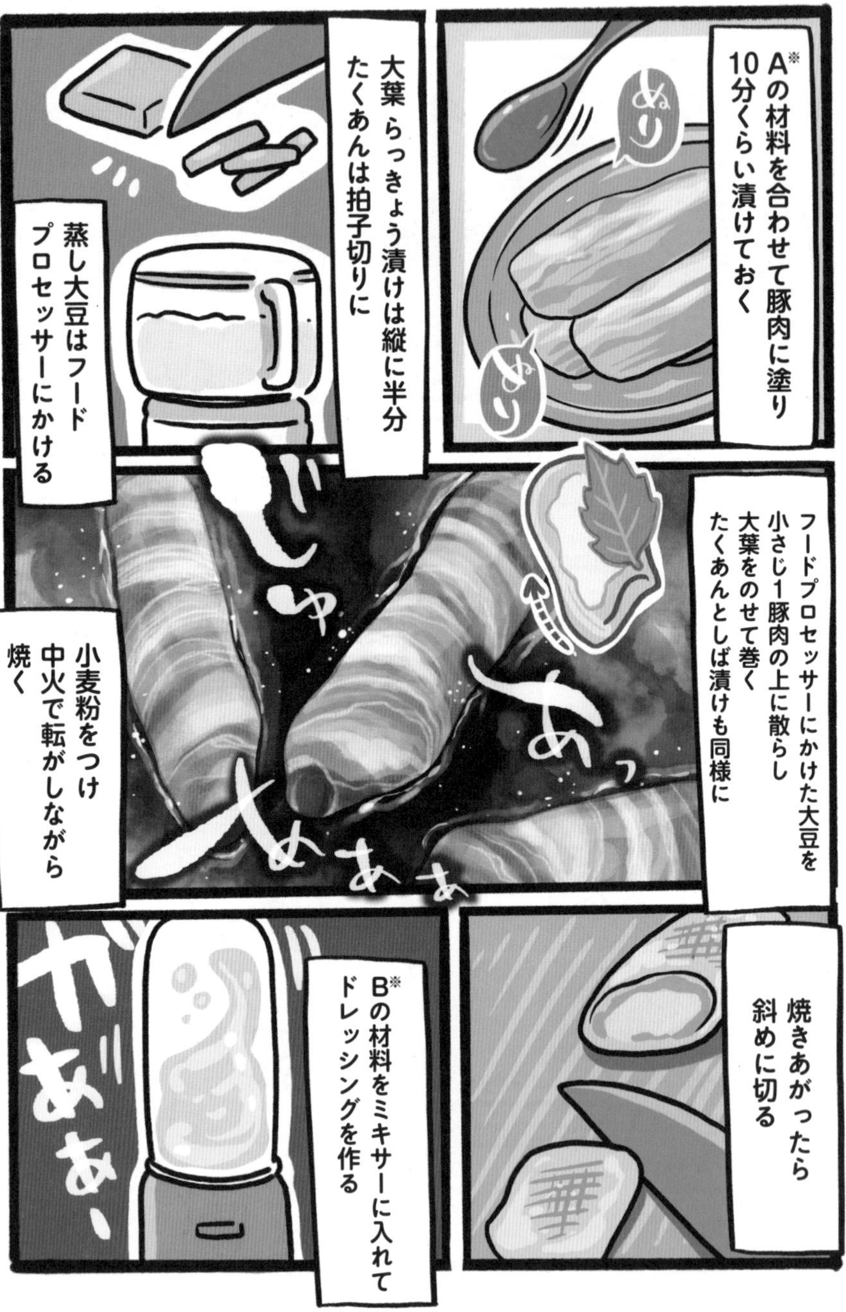

A※の材料を合わせて豚肉に塗り
10分くらい漬けておく
ぬり
ぬり
大葉 らっきょう漬けは縦に半分
たくあんは拍子切りに
蒸し大豆はフード
プロセッサーにかける
フードプロセッサーにかけた大豆を
小さじ1豚肉の上に散らし
大葉をのせて巻く
たくあんとしば漬けも同様に
じゅ
あっ
ぬあああ
小麦粉をつけ
中火で転がしながら
焼く
焼きあがったら
斜めに切る
B※の材料をミキサーに入れて
ドレッシングを作る

こりこりパリパリ
賑やか丼
ミニトマトと春菊を食べやすいサイズに切り肉と一緒に盛り付け ドレッシングをかけて
完成!!
鮮やかで目でも楽しませてくれるなーっ
美味しいっ!!
ボクも若い時はお肉たっぷりの食事が好きだったんだけど最近はバランスの良い食事が心からうれしくなってきたよ
私も!!
米 肉 野菜全部楽しめるからどんぶりって好きなのよー
天職

丼15

地場野菜の虹色丼

彩りも、栄養バランスもバッチリ!!

野菜の美味さをギューーっと詰め込みました!!

1人前

米	1合
むき枝豆、コーン	適量
パプリカ(赤、黄)	1/8個
塩、コショウ	少々
豚モモ肉(薄切り)	50g
油	適宜
卵	1個
砂糖、塩	各少々
小松菜	1株
ゴボウ	5cm
ニンジン	2cm
タケノコ	30g
干しシイタケ(水で戻す)	1枚

A

しょうゆ	大さじ1/2
みりん	小さじ1
砂糖	少々
タマネギ(すりおろし)	大さじ1
ニンニク、ショウガ	各少々

B

しょうゆ	小さじ1/2
カツオ節	適量

C

しょうゆ	小さじ1
砂糖	小さじ1/2
白ゴマ	少々

D

しょうゆ	小さじ1
酒	小さじ1
みりん	小さじ1/2
砂糖	小さじ1/2
だし汁	1/4カップ

新潟
ん゛っ〜〜っ
どうしたのー?
あっ
ちょっと最近肌が荒れてて… ガッツリ系は避けようかなって…
Menu
それならオススメがあるよ！

※A～DはP68を見てね

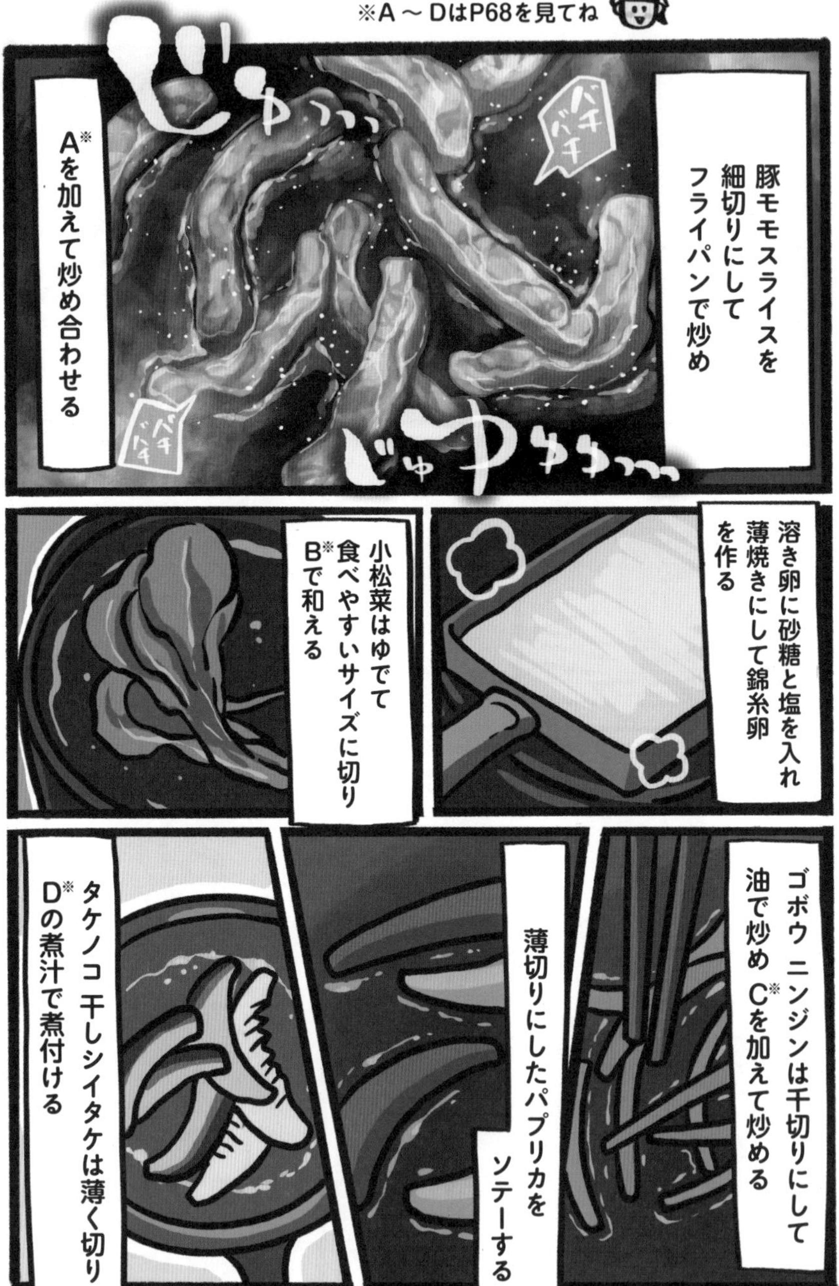
豚モモスライスを細切りにしてフライパンで炒め
パチパチ
パチパチ
A※を加えて炒め合わせる
溶き卵に砂糖と塩を入れ薄焼きにして錦糸卵を作る
小松菜はゆでて食べやすいサイズに切りB※で和える
ゴボウ ニンジンは千切りにして油で炒め C※を加えて炒める
薄切りにしたパプリカをソテーする
タケノコ 干しシイタケは薄く切りD※の煮汁で煮付ける

地場野菜の虹色丼
ごはんの上にコーン 枝豆 野菜と肉を盛りつけて
完成!!
野菜たっぷり!
美味しそ～!
パクッ
もぐもぐ
うんうん! 野菜のうまみがギューッとまとまっててたまらな～い!
美味しいものは何でも救うから お肌もこれで大丈夫!!
たぶんっ
あははっ

#16

富山和牛ボリューム満点丼

牛肉は、なるべく薄く切った方が食べやすいよ!!

トッピングの野菜は季節のものがオススメ

1人前

米	1合
牛赤身ステーキ肉(3cm厚)	150g
サニーレタス	適量
タマネギ	¼個
ミニトマト	1個
卵黄	1個
大豆(ゆで)	適量
かいわれ大根	適量
刻みのり	適量
コショウ(下味)	適量
塩(下味)	少々
オリーブ油(炒め用)	小さじ1

A

しょうゆ	大さじ1・½
ショウガ(すりおろし)	少々

B

ニンニク(すりおろし)	½片
タマネギ(すりおろし)	3g
ショウガ(すりおろし)	3g
しょうゆ	大さじ1
砂糖	大さじ1
白ワイン	小さじ1
みりん	小さじ½

富山
ガラッ!!
おかみっ!!
ガッツリしたやつちょーだい
いきなりどうしたの!?
いや〜最近パワーが出なくて…監督にも「シャキっとしろ」って言われて…
うん…うん…
よし!! パワー!
ひたすらパワーだね！
はいっ!!
大得意!!

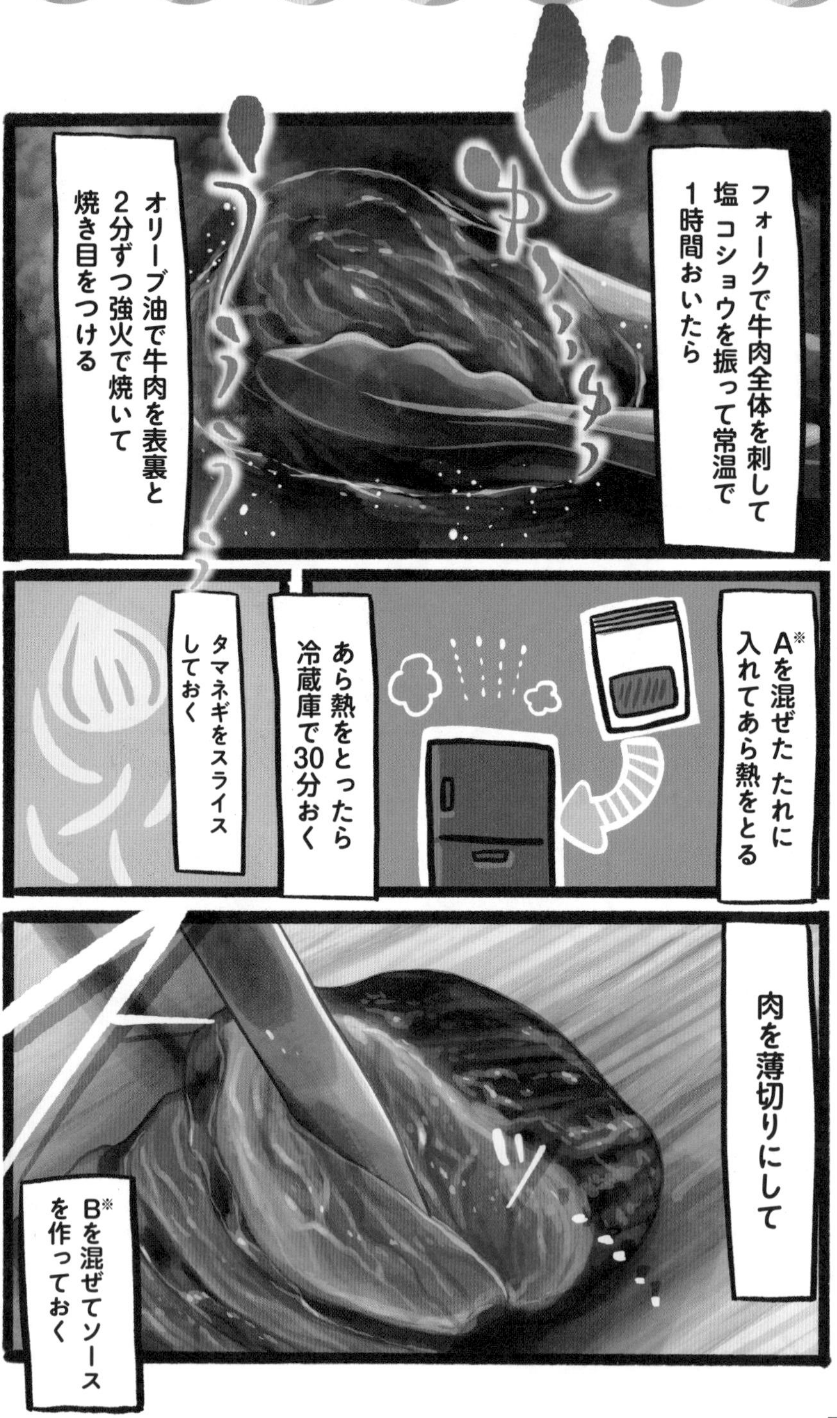
じゅううう
フォークで牛肉全体を刺して塩 コショウを振って常温で1時間おいたら
オリーブ油で牛肉を表裏と2分ずつ強火で焼いて焼き目をつける
A※を混ぜた たれに入れてあら熱をとる
あら熱をとったら冷蔵庫で30分おく
タマネギをスライスしておく
肉を薄切りにして
B※を混ぜてソースを作っておく

※AとBはP72を見てね

富山和牛
ボリューム満点丼
野菜 肉 卵黄 刻みのりを盛り付け
B※をかけて
完成!!
パワー&パワー!
美味しそうなお肉を差し入れしてもらったの〜
お肉差し入れしてくれた人と カツ入れてくれた監督のためにもっ
俺ガンバルっす!!
ふふ…
頑張れよ…
もっもっ
※監督

丼#17

能《の》登《と》てまり丼

甘酒を加える事で肉が柔らかく、臭みも取れ美味しく仕上がるヨ

桜でんぶがアクセント!!

1人前

米	1合
豚ひき肉	50g
牛コマ切れ肉	50g
シイタケ	40g
タマネギ	1/4個
甘酒	大さじ1/2
溶き卵	大さじ1
パン粉	大さじ1・1/2
牛乳	大さじ1
塩	少々
コショウ	少々
ケール	1枚
卵	1個
のり	適量
砂糖	大さじ1/2
桜でんぶ	適宜

石川
おかみー！インスタにこれUPしていい？
タグ付けしていい？
いいよ いいよ どんどんして～
この丼めちゃかわいいから映《ば》えるわぁ～～
ばえ…
2人とも明日も良かったら来てほしいんだけど！
いーよっ

タマネギのみじん切りとシイタケの
みじん切りを600Wのレンジで
3分加熱する(ラップはせず)
牛コマ切れ肉はあらみじん切りにし
豚ひき肉とみじん切りにしたタマネギと
溶き卵 パン粉 牛乳 甘酒 塩 コショウを
粘りが出るまで混ぜ合わせる
こね
こねこね
こね
こね
平らな丸い
ハンバーグにして
中火で焼く
肉が焼けたら
薄焼き卵とのりで
てまりの形に整える
白米

能登《のと》てまり丼

みじん切りにしたケールを敷き詰め
てまり形のハンバーグを中央にのせ
桜でんぶを散らして
完成!!
か・・・
ど…
どうでしょう
かっ・・・
かわいーー!!
おかみも一緒に撮ろっ
なのか
みんなで食べたよー
#どんぶり食堂

丼18

ハッピーくるくる丼

チーズ、お肉、野菜、いも、ごはん
ひとくちで、いろんな栄養が
バランスよくとれるよ

一口で福がくる!!
栄養満点丼!!

1人前

- 米 …… 1合
- ニンジン …… 1本
- うす揚げ(15㎝×15㎝) …… ½枚
- アスパラガス …… 1本
- 里芋 …… 大½個
- 豚モモ肉(薄切り) …… 2枚
- レタス …… 適量
- スライスチーズ(とろけるタイプ) …… 1枚
- 小ネギ、大根おろし …… 適量
- みりん …… 大さじ1・½
- しょうゆ …… 大さじ1・½
- だし汁 …… ¼カップ

福井
……
ん――っ
どうしました?
お肉が食べたいのだけど やわらかい食感だと うれしいのよね…
うん
うん
うん
うん
私は最近バランスのいいものを 食べてないから そういうのほしくて
それならオススメの 1杯がありますよ

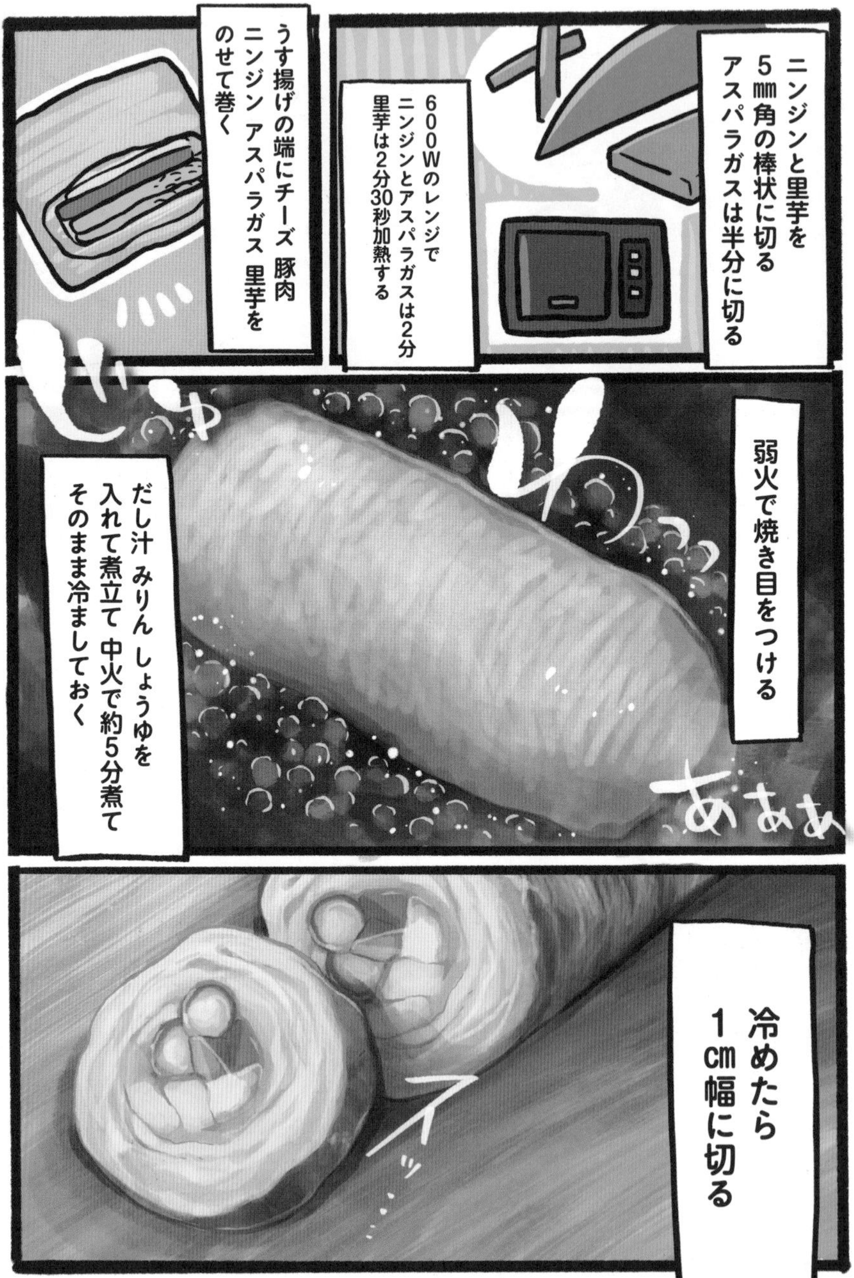
ニンジンと里芋を
5㎜角の棒状に切る
アスパラガスは半分に切る
600Wのレンジで
ニンジンとアスパラガスは2分
里芋は2分30秒加熱する
うす揚げの端にチーズ 豚肉
ニンジン アスパラガス 里芋を
のせて巻く
弱火で焼き目をつける
じゅわっ
あぁぁ
だし汁 みりん しょうゆを
入れて煮立て 中火で約5分煮て
そのまま冷ましておく
冷めたら
1㎝幅に切る
スッ…

ハッピーくるくる丼
ごはんに煮汁を少量かけ レタスをちぎり肉と大根おろしをのせ小ネギをちらして
完成!!
やわらかい
お肉がジューシーで美味しい～
パクッ
お揚げの油を使ってるのでジューシーでもヘルシーなんですよ
一石二鳥ですねっ

#19

腕ぱく丼

チーズを焼く時はフライパンの温度に注意し焦げ目をつけよう

桃のシロップで深みを出したソースが決め手

1人前

[炊き込みごはん]

米	1合
タマネギ	¼個
ニンジン	15g
グリーンピース(缶詰め)	10粒
塩、コショウ	少々
バター	大さじ½

[ハンバーグ]

鶏ひき肉	80g
タマネギ	¼個
ニンジン	20g
卵	½個(25g)
ニンニク	2g
パン粉	30g

[つけあわせ]

ミニトマト	3粒
豆苗	少々

[板チーズ]

ピザ用とろけるチーズ	80g

[ソース用調味料A]

みりん	5g
味噌	20g
デミグラスソース	50g
桃コンポートシロップ	15g

[マッシュポテト]

ジャガイモ	½個
マーガリン	5g
塩・コショウ	少々
桃コンポート果肉	15g

山梨
WINE
ちーーん
え
ど…どうしたの？
彼女から半日も返事が来ない
これはもうフラれたんだっ!!
ズバン
ま まだ半日だしっ
食べてるうちに返事が来るよ
ささ！ 食べよ！

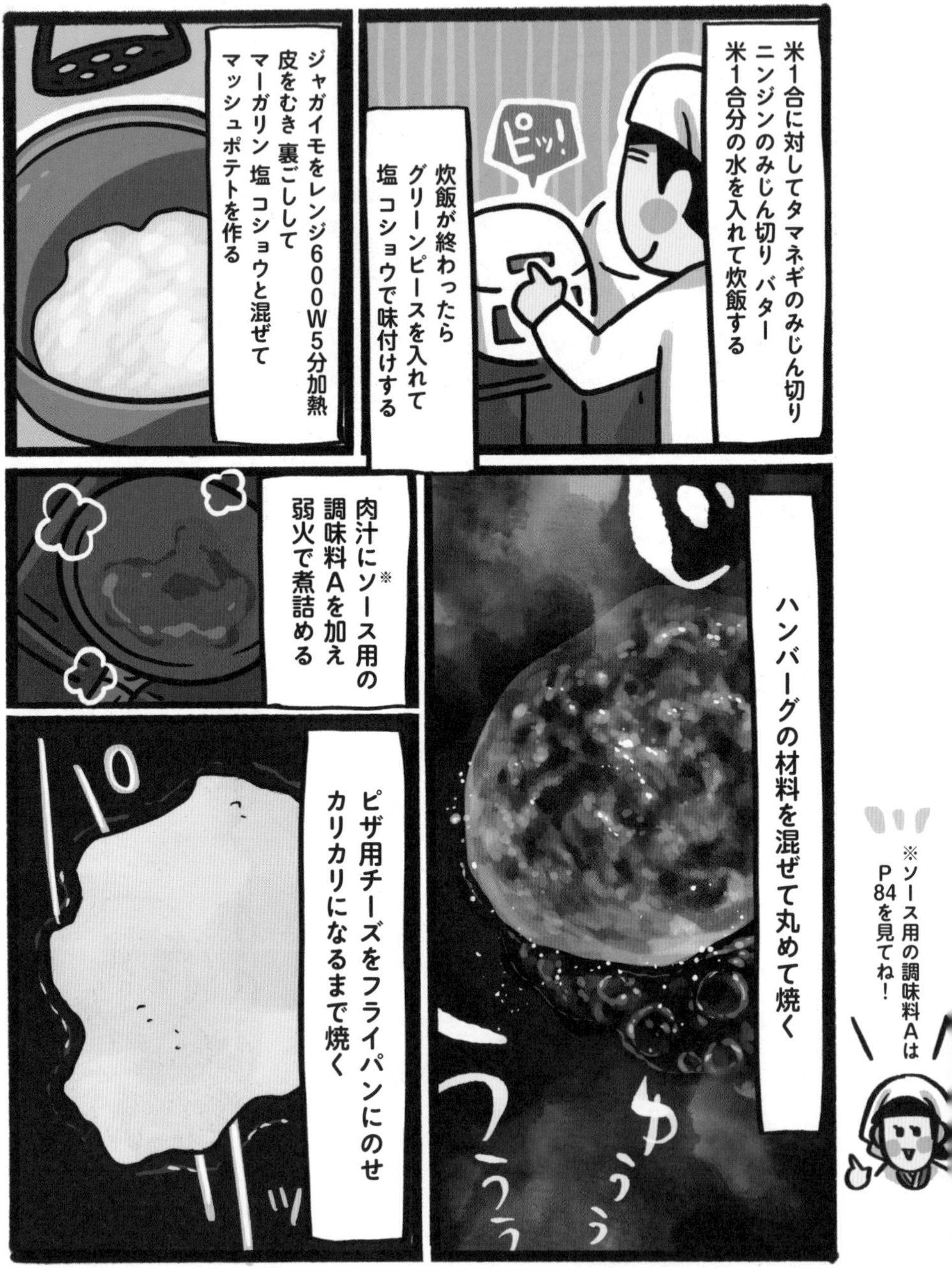

米1合に対してタマネギのみじん切り
ニンジンのみじん切り バター
米1合分の水を入れて炊飯する
ピッ！
炊飯が終わったら
グリーンピースを入れて
塩 コショウで味付けする
ジャガイモをレンジ600W5分加熱
皮をむき 裏ごしして
マーガリン 塩 コショウと混ぜて
マッシュポテトを作る
ハンバーグの材料を混ぜて丸めて焼く
肉汁に※ソース用の調味料Aを加え
弱火で煮詰める
ピザ用チーズをフライパンにのせ
カリカリになるまで焼く
パリッ
※ソース用の調味料AはP84を見てね！

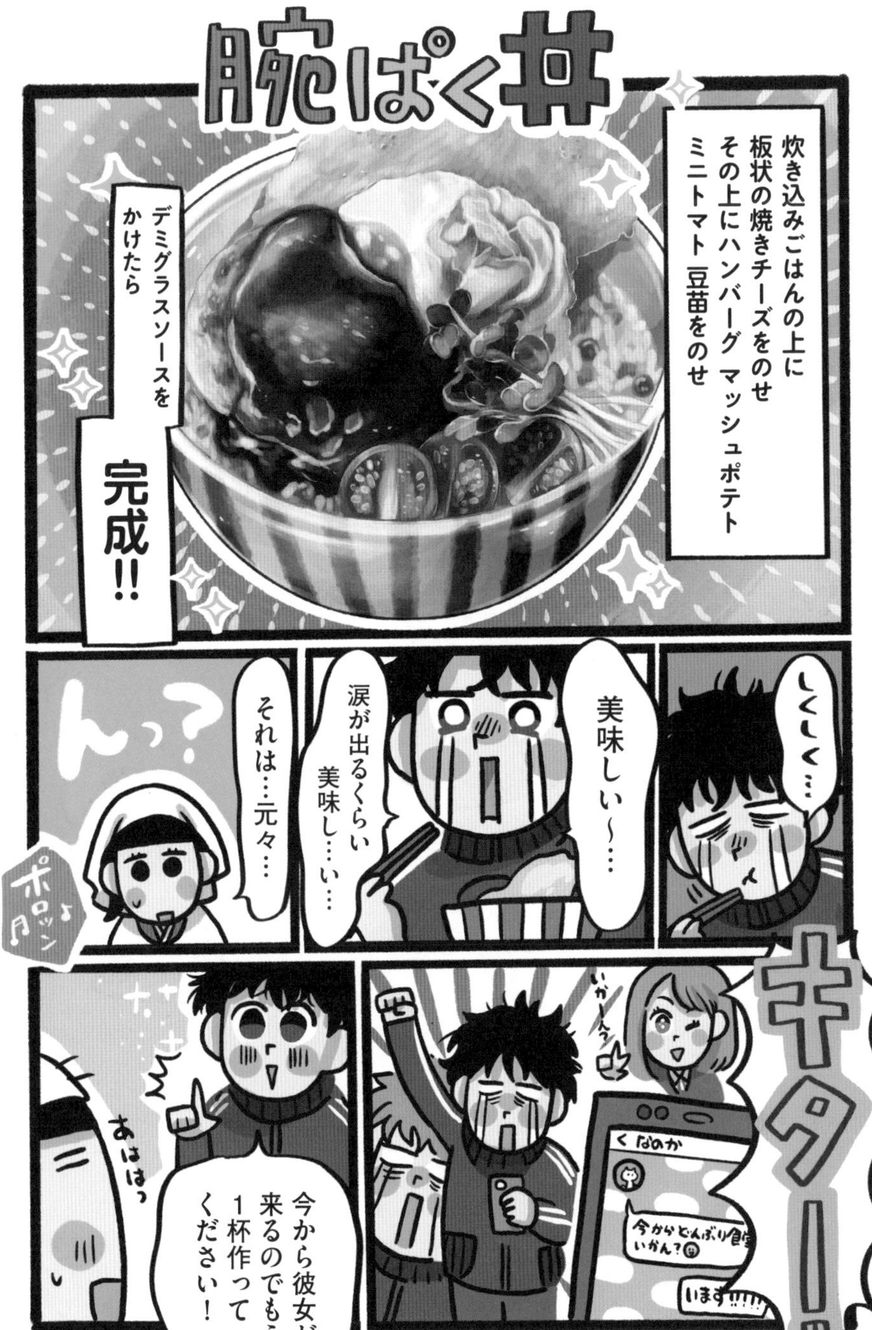
腕ぱく丼
炊き込みごはんの上に
板状の焼きチーズをのせ
その上にハンバーグ マッシュポテト
ミニトマト 豆苗をのせ
デミグラスソースを
かけたら
完成!!
しくしく…
美味しい〜…
涙が出るくらい
美味し…い…
それは…元々…
んっ?
ポロッン
いかーん?
キターーッ
くなのか
今からどんぶり食
いかん?
います!!!!
ササッ
あははっ
今から彼女が来るのでもう1杯作ってください!

丼20

もちもち レンコンバーグ丼

レンコンは火が通りやすいので短時間で調理できるよ!!
もちもちシャキシャキ食感!!

1人前

米	1合
レンコン(5㎜スライス2〜3切とタネ用を合わせて)	75g

A

牛・豚合いびき肉	60g
ショウガ(すりおろし)	少々
ネギ(みじん切り)	大さじ1
塩、コショウ	少々

片栗粉	大さじ½
サラダ油	大さじ1
ゆで卵	1個
ブロッコリー、キュウリ、ミニトマト	適宜

[たれ]

しょうゆ	小さじ1
みりん	小さじ1
砂糖	小さじ⅓

長野
ガラッ
おかみっ!!
パタ
パタ
どうしたの⁉
そんな大きな声を
出してっ
こいつが…
ず〜〜
おなかが
すいてー……

※AはP88を見てね

レンコンの皮をむき5㎜の厚さで3枚分輪切りにする
残りはみじん切りに
ボールにA※を入れてレンコンのみじん切りも入れる
輪切りにしたレンコンの両面に片栗粉をつけ片面に肉ダネをのせる
フライパンでサラダ油を熱し肉ダネをのせたレンコンを焼く
混ぜ合わせたたれを入れ汁気がなくなるまで煮詰める

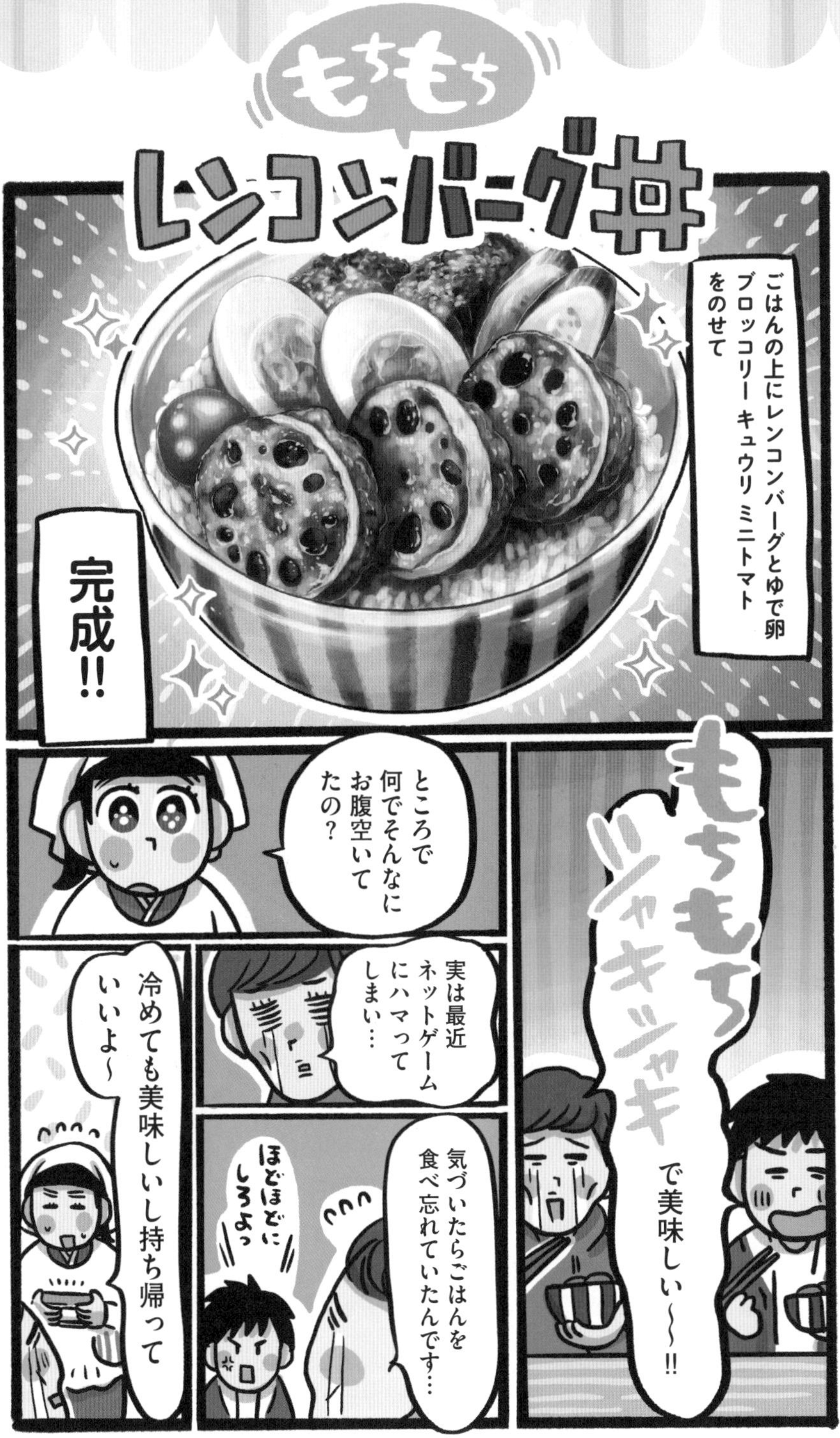

もちもち
レンコンバーグ丼
ごはんの上にレンコンバーグとゆで卵 ブロッコリー キュウリ ミニトマト をのせて
完成!!
もちもち シャキシャキ で美味しい〜〜!!
ところで何でそんなにお腹空いてたの?
実は最近ネットゲームにハマってしまい…
気づいたらごはんを食べ忘れていたんです…
ほどほどにしろよっ
冷めても美味しいし持ち帰っていいよ〜

丼21

飛騨牛の トマト丼

地元食材をたくさんつかおー!!
シンプルな調理で飛騨牛の美味しさがわかるよ!!

1人前

米 ………… 1合

A

牛コマ切れ肉 ………… 50g
タマネギ（薄切り） ………… ¼個
生シイタケ（薄切り） ………… 1枚
シメジ ………… 25g
トマト（乱切り） ………… ½個

調味料B

しょうゆ ………… 大さじ1
みりん、酒 ………… 各小さじ2
カツオだし …… 小さじ⅓（50倍濃縮）

トマト（飾り用） ………… 適量
ゆで卵 ………… 適宜
かいわれ大根 ………… 適量

岐阜
何で入れるのよ
美味しいからだよ
え…
何…
えっっ!?
みそ汁の具にトマトが入っててケンカ!?
それだけで!?
ちょっと待ってて!! 1杯作るから食べてから話し合おう!
あっ
それだけ!?

トン
トン
A※をそれぞれ適当な大きさに切る
鍋にA※と調味料B※を入れて煮込む
ぐつぐつ
ぐつぐつ

※Aと調味料Bの分量はP92を見てね

飛騨牛のトマト丼
ごはんの上に煮込んだ具をかけて切ったトマト ゆで卵 かいわれ大根をのせて
完成!!
トマト…
…
普通の牛丼にもトマトは入ってないけど…
家の味って各家庭の工夫やアイデアがいっぱい詰まっているよね…
私は驚いただけなの…実家ではトマトを入れたことがなかったから
僕は何か自分を否定されたように感じてショックだったんだ…
また作ってね
うん
ホ…

丼22

海と大地の青菜シラス丼

そぼろ状にした卵を見えるように盛りつけると色どりよく食欲もわくよーー!!

パパッとつくれてお弁当にもオススメ

1人前

米	1合
シラス（ちりめんじゃこ）	15g
大根菜	1/4把
塩鮭	1/2切
ゴマ	大さじ1/2
卵	1個
サラダ油	少々
塩	少々

静岡
ヤダー!
魚食べさせるつもりでしょ!!
お腹空いたって言うからお店探したのに…まだワガママ言うの!?
骨もあるし食べるのが大変だからイヤなのー!!
もーーっ
わあ〜〜っ
2人とも美味しく食べられる丼作るから待っててねっ

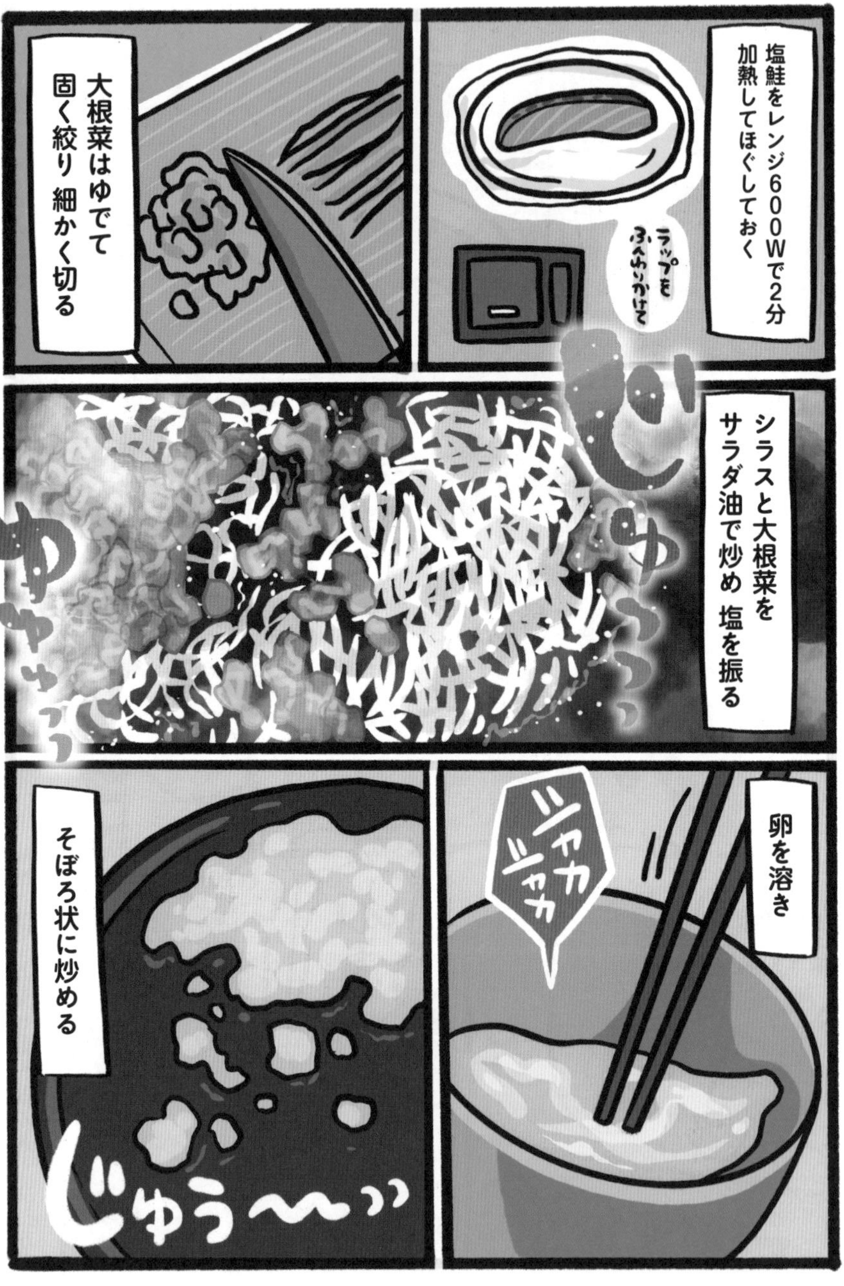
塩鮭をレンジ600Wで2分 加熱してほぐしておく
ラップをふんわりかけて
大根菜はゆでて 固く絞り 細かく切る
シラスと大根菜を サラダ油で炒め 塩を振る
じゅぅっ
卵を溶き
シャカシャカ
そぼろ状に炒める
じゅう〜〜っ

海と大地の青菜シラス丼

丼23

野菜たっぷり味噌カツ丼

野菜もしっかり食べよう!!

豚カツと一緒に食べやすいように、野菜を加熱してみたよ!!

1人前

米 …… 1合

〔とんかつ〕

豚ロース肉 …… 1枚(120g)
塩、コショウ …… 少々
薄力粉 …… 適量
パン粉 …… 適量
卵 …… ½個
揚げ油 …… 適量

〔味噌だれ〕

八丁味噌(赤味噌) …… 大さじ1
砂糖 …… 大さじ1
みりん …… 大さじ1・⅓
料理酒 …… 大さじ1・⅓
だし汁 …… 大さじ1

〔トッピング〕

キャベツ …… 1枚
ニンジン …… 適量
白ネギ …… 適宜
白ゴマ …… 少々
卵 …… ½個
塩 …… ひとつまみ
サラダ油 …… 少々

愛知
ザッ
ザッ
ピタ…
着いた…
どんぶり食堂…
いらっしゃいっ!!
ひょこっ
じっ…
ご注文お決まりですか?
あの…

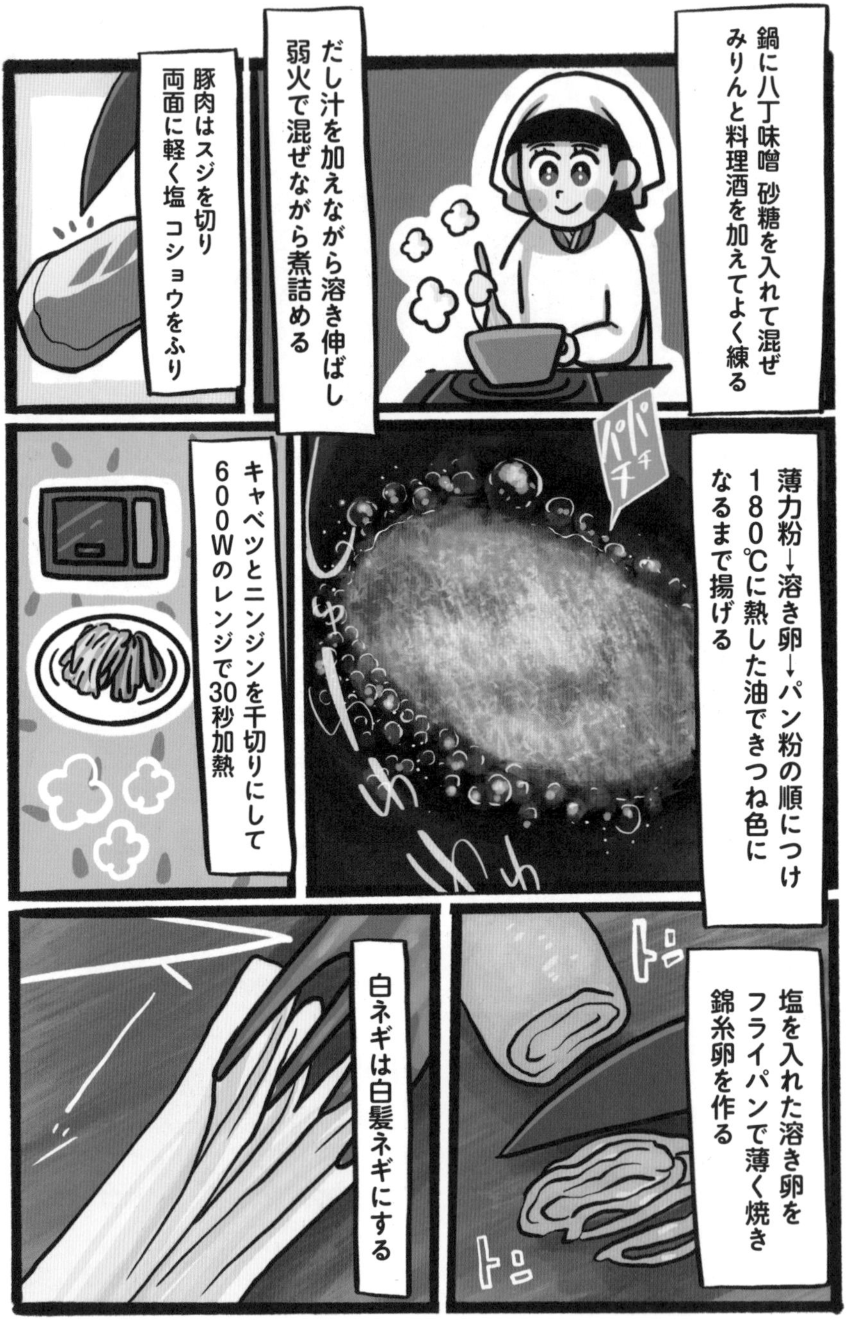
鍋に八丁味噌 砂糖を入れて混ぜ
みりんと料理酒を加えてよく練る
だし汁を加えながら溶き伸ばし
弱火で混ぜながら煮詰める
豚肉はスジを切り
両面に軽く塩 コショウをふり
パチパチ
薄力粉→溶き卵→パン粉の順につけ
180℃に熱した油できつね色に
なるまで揚げる
キャベツとニンジンを千切りにして
600Wのレンジで30秒加熱
トン
トン
塩を入れた溶き卵を
フライパンで薄く焼き
錦糸卵を作る
白ネギは白髪ネギにする

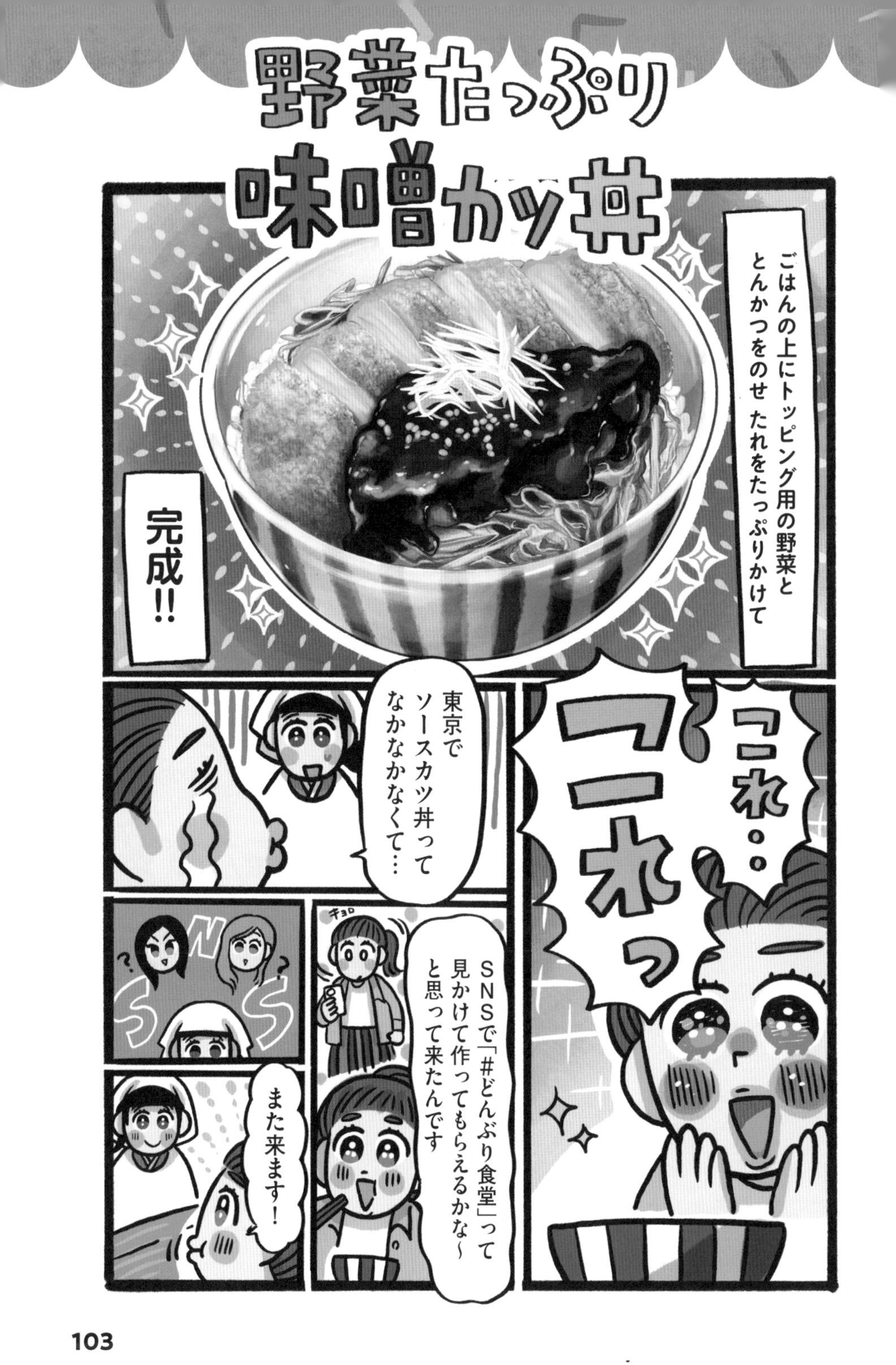
野菜たっぷり
味噌カツ丼
ごはんの上にトッピング用の野菜と
とんかつをのせ たれをたっぷりかけて
完成!!
これ・・・
コーれっ
東京でソースカツ丼ってなかなかなくて…
SNS
SNSで「#どんぶり食堂」って見かけて作ってもらえるかな～と思って来たんです
また来ます！

丼24

まるごと三重どん

ゆで卵をつかってて
腹持ちもいいよ!!
にんじんもカワイク
花型にしてみたよ

1人前

米	1合
卵	1個
白ネギ	½本
シメジ	15g
シイタケ	1枚
牛コマ切れ肉	50g
ニンジン	¼本
ミニトマト	1個
青ネギ	½本
和風だしパック	1袋

A

塩	少々
しょうゆ	小さじ1
砂糖	大さじ1
みりん	大さじ1

B

しょうゆ	大さじ½
料理酒	大さじ½
砂糖	大さじ1
みりん	小さじ1
だし	50ml

三重
…鉄火丼…
んー…
親子丼…
違うなぁ…
どうしよっかな
何か悩んでるの?
あっ
おかみさん
最近お父さんお仕事忙しいみたいで…
美味しいものを作ってあげたいんだけど
何がいいかなって
ボロ…
ただいまぁ～
ボクにできることがあれば…
おかえりっ
何か
ヒントが
欲しくて…
Menu
それなら2人で食べて
元気になれる丼がいいよねっ
うん!

ゆで卵を作り
1/4のくし形に切る
水500㎖と
だしパックでだしをとり
ニンジンとA※を入れて煮る
ぐつぐつ
ぐつぐつ
白ネギは
斜めに切る
シイタケは薄切りに
シメジは石づきを
切り落とす
B※と牛肉とミニトマト以外の野菜を煮る
くつくつ
くつくつ
ミニトマトのへたを取り

※AとBはP104を見てね！

まるごと三重どん

材料を全てのせて
完成!!
あっ
少しの細工で心がパッと明るくなるよ 味も大事だけど「喜んでもらいたい」って気持ちが一番うれしいと思うな！
わぁ～
花だっ
パパもたろくんも美味しくて栄養がぎゅうぎゅうの牛丼を食べて元気になってね！
うんっ!!

丼25

おうみ信長牛丼

こんにゃくは食物繊維とカルシウムの補給に最適!!

安土信長葱の代用品は太い白葱で!!

1人前

米	1合
牛コマ切れ肉（あれば近江牛）	75g
長ネギ（あれば安土信長葱）	¼本
赤こんにゃく	25g
サラダ油	小さじ1

A

みりん	小さじ½弱
砂糖	小さじ½弱
濃口しょうゆ	小さじ½弱

B

だし	70ml
濃口しょうゆ	大さじ1
みりん	大さじ1
味噌	小さじ1
砂糖	小さじ1
酒	小さじ1

滋賀
運
うちの子に…友達のヒカリちゃん家のお弁当のほうが美味しそうって言われちゃって…
あー…あるある…
でも毎日お弁当作るとなるともうレパートリーなんてないのよね～……
最近聞いてないなー…
お母さん！また作ってね！
子
そういえばうちもだわ――…
なら
こんなのはどうです？

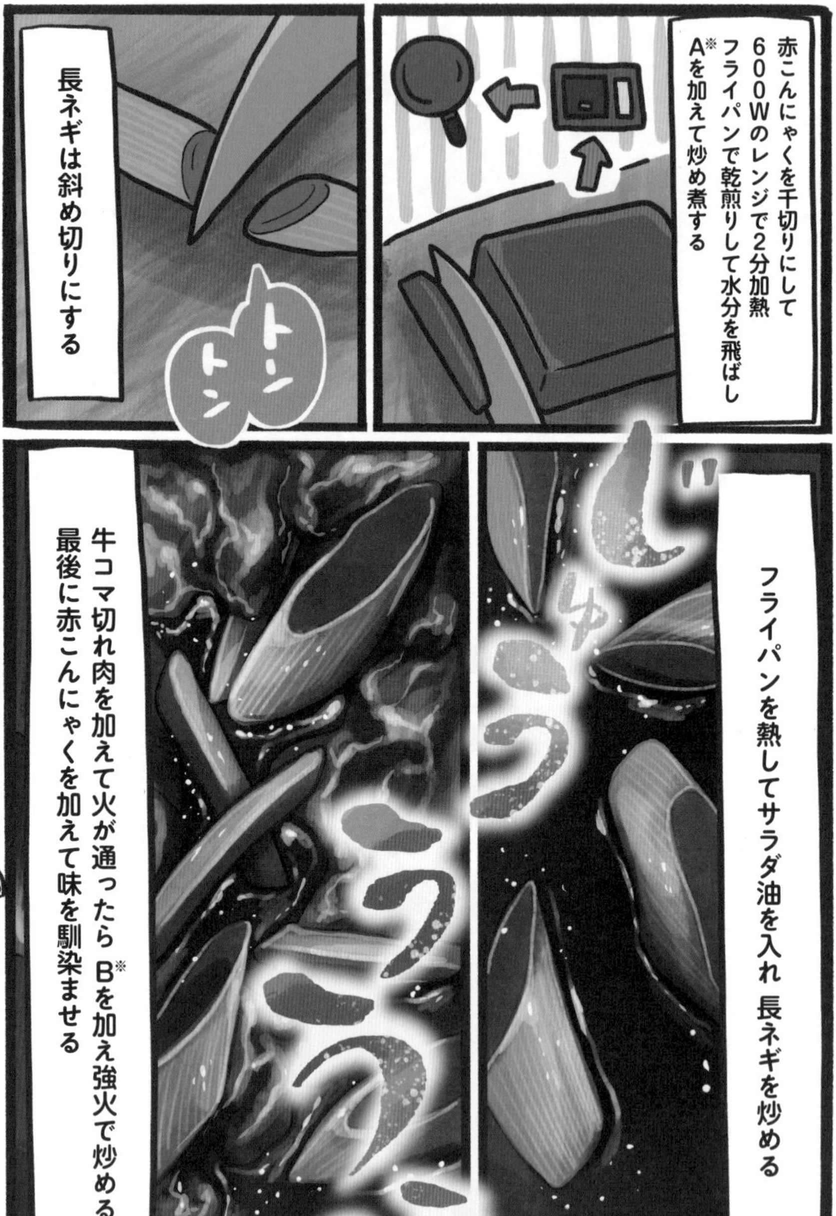
赤こんにゃくを千切りにして
600Wのレンジで2分加熱
フライパンで乾煎りして水分を飛ばし
A※を加えて炒め煮する
長ネギは斜め切りにする
トントン
フライパンを熱してサラダ油を入れ 長ネギを炒める
じゅうううう
牛コマ切れ肉を加えて火が通ったら B※を加え強火で炒める
最後に赤こんにゃくを加えて味を馴染ませる

※AとBの分量はP108を見てね

おうみ信長牛丼
ごはんを盛り付けて具をのせ
完成!!
パク…っと
子どもが好きな甘辛だれでごはんが進む〜!
こんにゃくも良いアクセントになってるわね!
んぅーん!
ボリュームもあるし
これならうちの子も満足してくれるわ

丼26

京《きょう》壬《み》生《ぶ》菜《な》入り鶏天親子丼

鶏肉を天ぷらにして
ボリュームUP!!

京壬生菜はみず菜で
九条ねぎは青ねぎで
代用してね

1人前

米	1合
鶏天	50g
京壬生菜	15g
九条ねぎ	15g
卵	2個

調味料A

和風顆粒だし	小さじ1/4
砂糖	小さじ2/3
みりん	大さじ1
しょうゆ	大さじ1
水	75ml

京都
あの おかみは里帰りって最近いつしました?
ギクッ
え——…っと2年…3年前くらいかなぁ…
いつ帰ってくるの?
母
僕も仕事が忙しくて…親にも愛犬にも会えてないんですよね…
最近ふと…あと何回親と話したりごはんを一緒に食べられるのかなぁって考えちゃうんですよね…
藤原くんの地元って?
京都です
ちょっと待っててねっ

※調味料AはP112を見てね

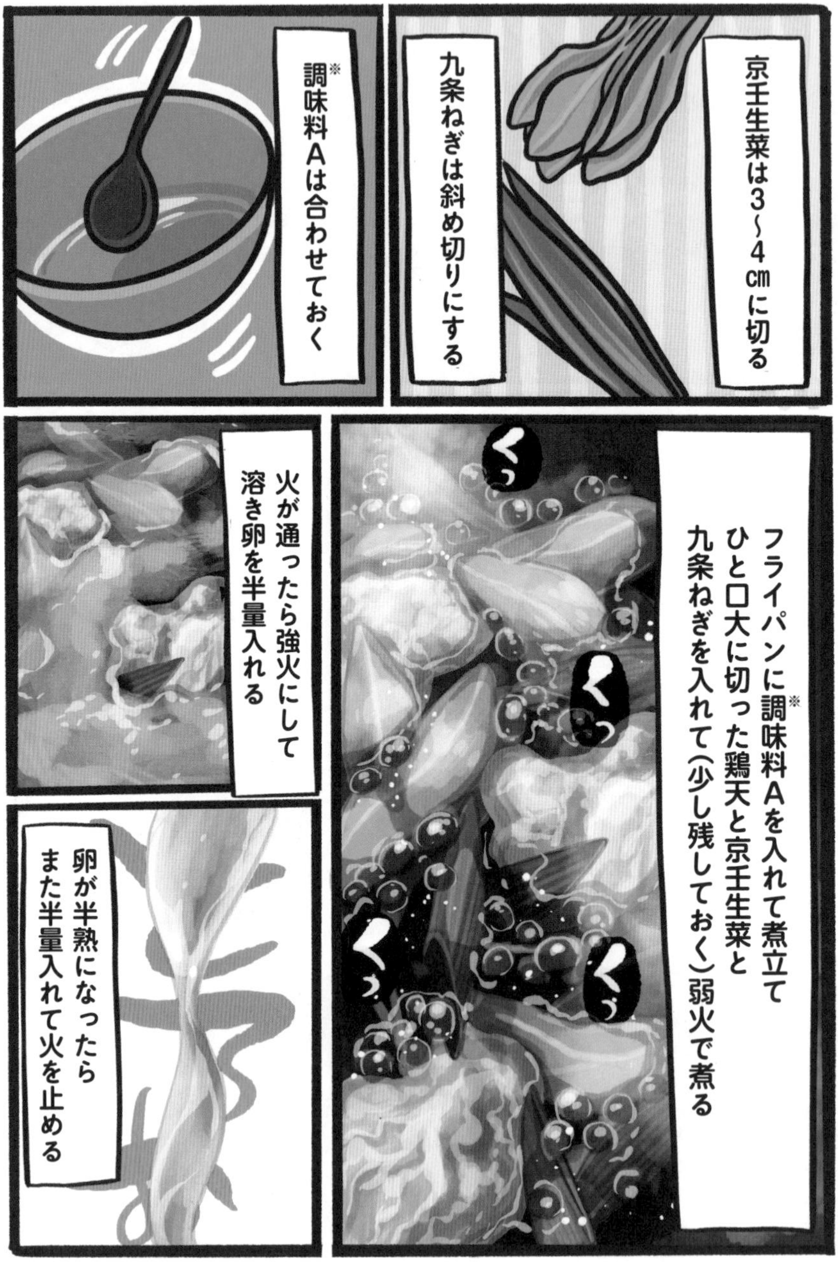
京壬生菜は3〜4㎝に切る
九条ねぎは斜め切りにする
※調味料Aは合わせておく
フライパンに※調味料Aを入れて煮立て
ひと口大に切った鶏天と京壬生菜と
九条ねぎを入れて（少し残しておく）弱火で煮る
火が通ったら強火にして
溶き卵を半量入れる
卵が半熟になったら
また半量入れて火を止める

京《きょう》壬生《みぶ》菜《な》入り 鶏天親子丼

ごはんの上に具をのせ京壬生菜と九条ねぎをトッピングして
完成!!
うわぁ～とろとろで美味しそう
ん?
父さん!母さん!マルも!!
何だよいきなり!今からごはん食べるところだよ これ京壬生菜の丼なんだぜっ 見える?
うん!年末には帰るから!
私もメール入れておくか…

丼27

まいど!!! 大阪うまいどん

水なすは包丁で切ると
すぐに色が黒くなるので
切り口に片栗粉を付け
素早く調理がオススメだよ
炒めると更に甘くなる
にんじんシリシリを
トッピング!!

1人前

[水ナス挟み揚げ]

- 水ナス(大) …… ½個
- 片栗粉(ナスにまぶす) …… 適量
- 豚ひき肉 …… 50g
- 米油(天ぷら用) …… 適量

A

- ショウガ(すりおろし) …… 小さじ¼
- 塩、コショウ …… 少々
- しょうゆ …… 小さじ¼
- みりん …… 小さじ¼
- 片栗粉 …… 小さじ¼
- ゴマ油 …… 小さじ¼
- おからパウダー …… 小さじ⅔
- タマネギ(すりおろし)(泉州タマネギ) …… ⅛個

B

- 天ぷら粉 …… 120g
- 水 …… 150g

C

- 酢 …… 大さじ2
- しょうゆ …… 大さじ2
- 砂糖 …… 大さじ1・½
- 片栗粉 …… 小さじ1・¼
- 鶏ガラスープの素 …… 小さじ½
- 水 …… 50cc

[にんじんシリシリ]

- ニンジン …… ¼本
- だしの素 …… 小さじ¼
- しょうゆ …… 小さじ¼
- ゴマ油 …… 小さじ1
- 白炒りゴマ …… 少々

[ごはん&トッピング]

- 米 …… 1合
- キャベツ(千切り) …… 50g
- 青ネギ(小ネギ) …… 1本
- 白炒りゴマ …… 小さじ½

大阪
サー…
秋だなぁ…
ガラッ
本日のオススメ
鶏天親子丼
秋…
秋と言えば…
フフ…
へへっ 全農のお兄さんから
届いたんだぁー
泉州《せんしゅう》の水ナス!

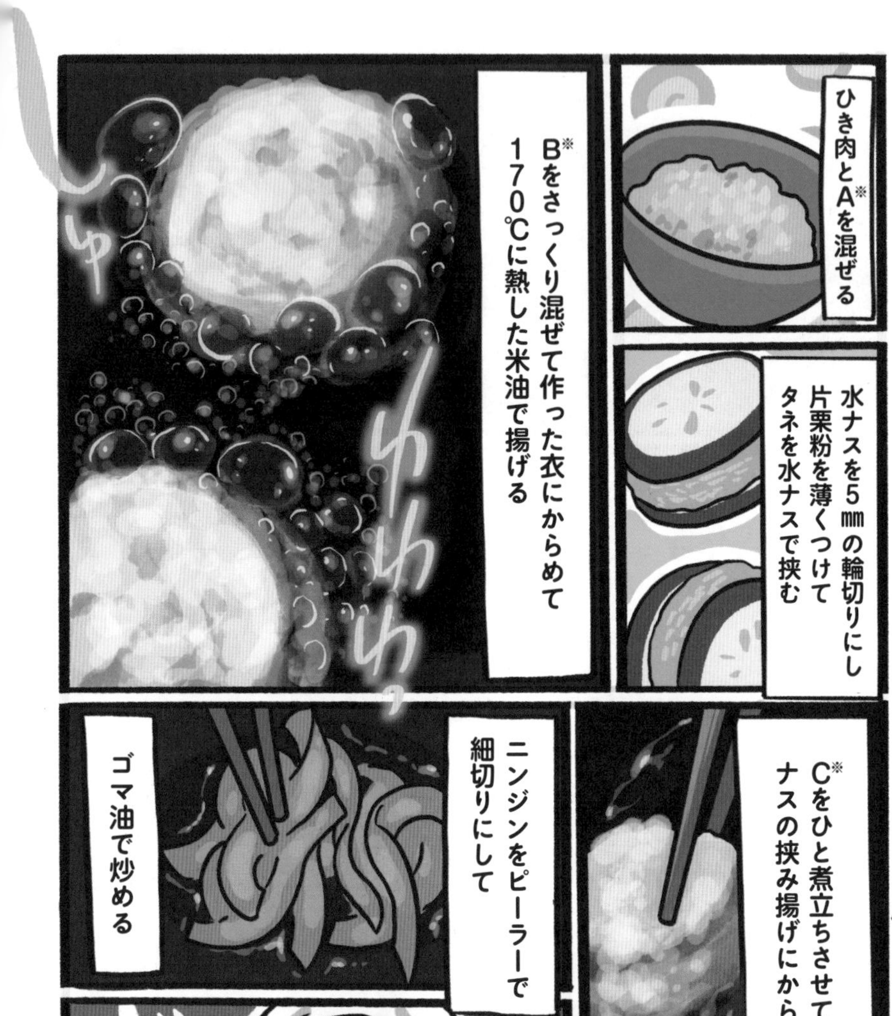
ひき肉とA※を混ぜる
水ナスを5㎜の輪切りにし
片栗粉を薄くつけて
タネを水ナスで挟む
B※をさっくり混ぜて作った衣にからめて
170℃に熱した米油で揚げる
じゅわわわっ
C※をひと煮立ちさせて とろみがついたら
ナスの挟み揚げにからませる
ニンジンをピーラーで
細切りにして
ゴマ油で炒める
だしの素としょうゆを
入れて馴染ませ 仕上げに
白炒りゴマを振る
じゅわっ

※A～CはP116に分量が載ってるよ

まいど!!! 大阪うまいどん

千切りキャベツの上に甘酢あんをからめた水ナスの挟み揚げをのせ
青ネギと白炒りゴマをトッピングにんじんシリシリを添えて
完成!!
ドーン
できたよっ
秋真っ盛り
どんぶりで旬の食材を楽しもう!
ガツガツ
ガツッ

#28

みらいちゃんスタミナどん

加西トマトは果肉がしっかりしていて
甘いのでおすすめー・でも他のトマト
でもいいよー
薄切肉を使うことで肉の
ボリュームも出るうえに
食べやすくなるよっ!!

1人前

米	1合
牛切り落とし肉	50g
タマネギ	(大)$\frac{1}{4}$個
ニンジン	$\frac{1}{8}$本
シイタケ	1枚
ニンニク	$\frac{1}{2}$片
トマト	(中)1個
アスパラガス	1～2本
キャベツ	1枚
レタス	$\frac{1}{2}$枚
ゴマ	適量
オリーブオイル	小さじ2

A（肉の下味用）

小麦粉	小さじ$\frac{1}{2}$
片栗粉	小さじ$\frac{1}{2}$
しょうゆ	小さじ$\frac{1}{2}$
酒	小さじ$\frac{1}{4}$
みりん	小さじ$\frac{1}{4}$

B（スクランブルエッグ用）

卵	1個
牛乳	大さじ$\frac{1}{2}$
塩、コショウ	少々

C（焼き肉のたれ）

しょうゆ	大さじ2
みりん	大さじ$\frac{1}{2}$
砂糖	大さじ$\frac{1}{2}$
酒	大さじ$\frac{1}{2}$
ゴマ油	大さじ$\frac{1}{2}$
ハチミツ	小さじ$\frac{1}{2}$
オイスターソース	小さじ$\frac{1}{2}$
トマトケチャップ	小さじ1
ウスターソース	小さじ$\frac{1}{2}$
ショウガ（すりおろし）	小さじ$\frac{1}{2}$

兵庫
最近…なぜか…
カラン…
水です
はい…
……しょ…
ポロ…
食が細くなっちゃって〜〜〜
ガクッ
それ 歳 です
食欲の秋だし何かスタミナがつくもの出して!
OK
元気もりもり年齢にも負けないパワーアップ丼ね!

ビニール袋に A※と牛肉を入れて 揉み込む
フフフ…
この生肉を揉み込む感じ好き…
タマネギは半分に切り 約10㎝のざく切り ニンジンは細切り シイタケは石づきを取ってざく切り ニンニクはスライスする
ざく切り
スライス
くし切り
細切り
色紙切り
斜め切り
キャベツは芯を取って軽くボイルし 小さめの色紙切りに トマトはくし切り アスパラガスは根元を少し落として斜め切りにする
C※の調味料を混ぜ レンジで加熱する
オリーブオイルでニンニクを炒め香りが出たら取り出す
カラっと
※A、B、Cの分量はP120を見てね
タマネギ ニンジン シイタケをしんなりするまで炒めたら牛肉を入れて C※を大さじ1まわし入れる
B※を混ぜてスクランブルエッグを作り一度取り出す その後アスパラガス→トマトの順に炒めスクランブルエッグと混ぜる
スクランブルエッグは

みらいちゃんスタミナどん

レタスをちぎり
肉 野菜 卵を彩り良く盛り付けて
完成!!
わぁーっ
食べられるかな…
まずは食べてみてっ
がっつりガーリック風味の牛肉でごはんが進む～!
でもトマトの酸味と瑞々しさでさっぱりしてる!
これなら僕でももりもり食べられるよ!
よかった!

#29

鶏(とり)DON!

大和肉鶏は歯応え抜群

大和肉鶏は一般的な鶏モモ肉、大和まなは小松菜等で代用してもOKだよ

1人前

米	1合
鶏モモ肉	150g
大和《やまと》まな	50g
ニンジン	15g
温泉卵	1個
焼き鳥のたれ(市販)	適宜
塩	少々

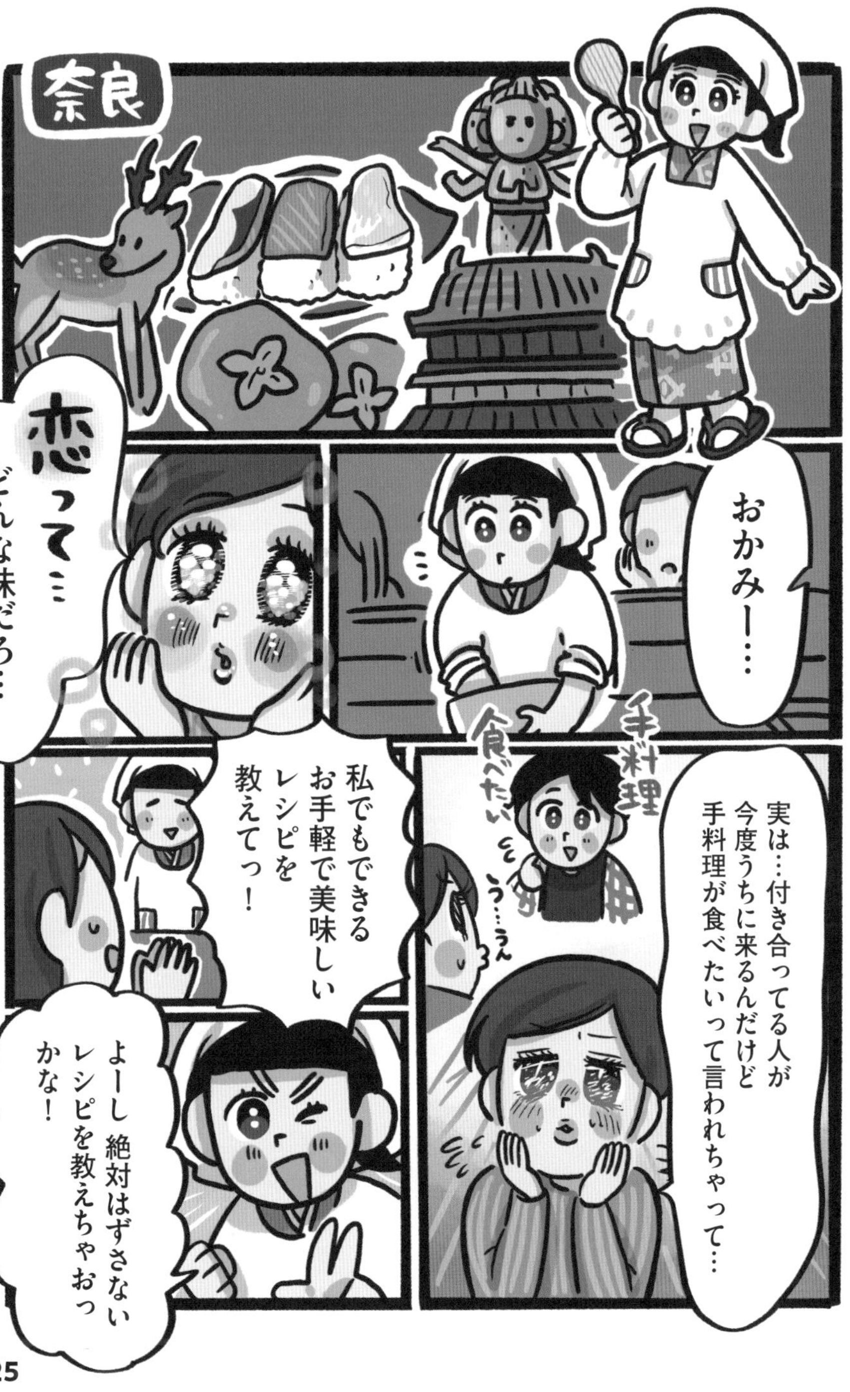
奈良
おかみー…
恋ってどんな味だろ…
手料理 食べたい
実は…付き合ってる人が今度うちに来るんだけど手料理が食べたいって言われちゃって…
う…うん
私でもできるお手軽で美味しいレシピを教えてっ！
よーし 絶対はずさないレシピを教えちゃおっかな！

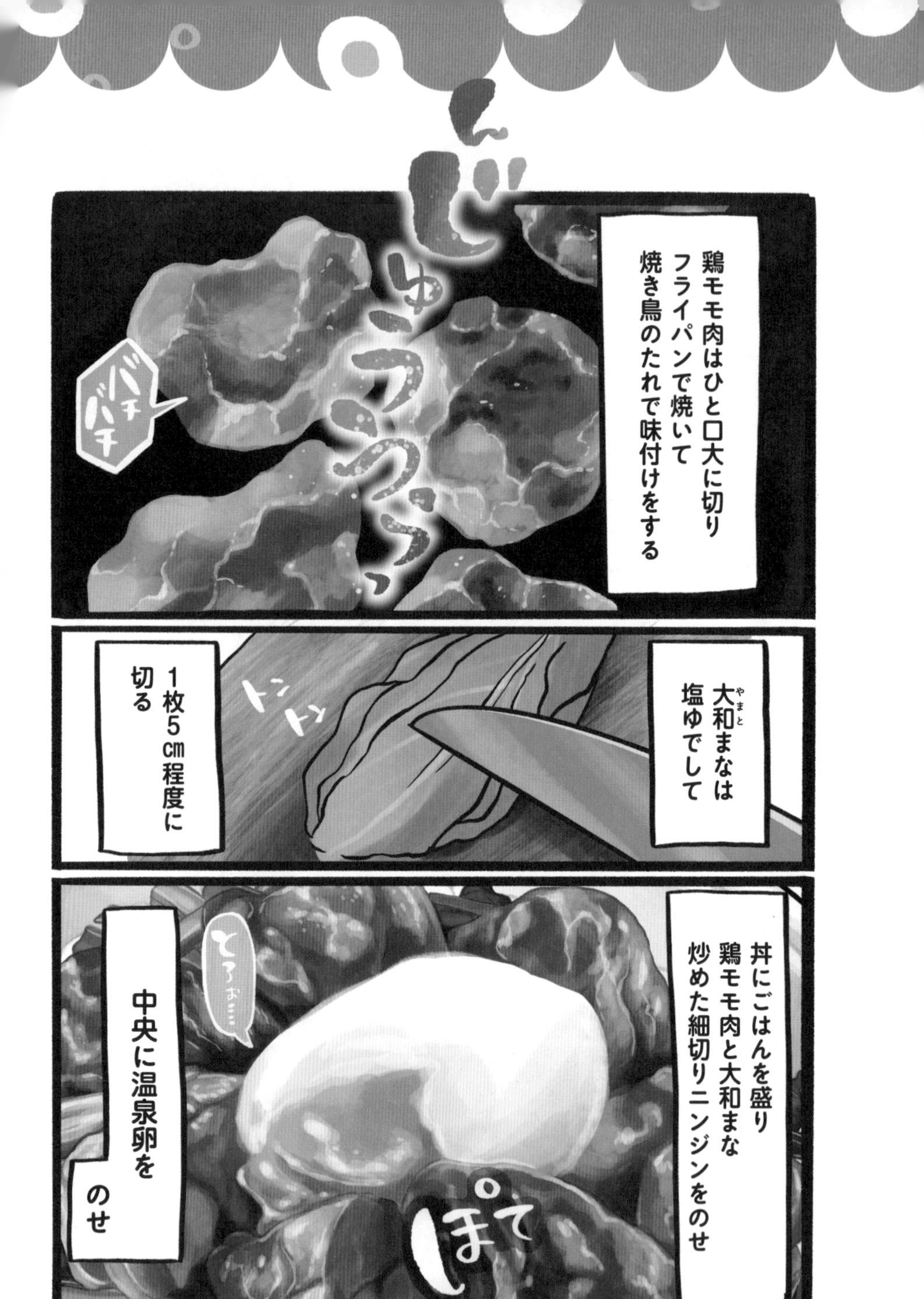
んじゅ～うぅぅ
鶏モモ肉はひと口大に切り
フライパンで焼いて
焼き鳥のたれで味付けをする
バチバチ
大和《やまと》まなは
塩ゆでして
トントン
1枚5㎝程度に
切る
丼にごはんを盛り
鶏モモ肉と大和まな
炒めた細切りニンジンをのせ
ぽて
とろぉ…
中央に温泉卵を
のせ

鶏（とり）DON!
完成!!
焼いて
ゆでて
盛る
うん！これなら簡単にできるし味付けも最高！
実はこれ私の初恋の人に作ったレシピなのーっ
えへへ…
その人とはどうなったのー？
はっ…
……ッ
ごめんなさいっ

丼30

梅シラス丼

材料をのせるだけ
朝食にもおススメの
スピード丼!!

和歌山の特産紀州南高梅は
ご飯によく合う～ごまをふると
風味が良くなるよ!!

1人前

米	1合
シラス（釜揚げ）	80g
大葉	2枚
梅干し	1個
ゴマ油	大さじ1
しょうゆ	少々

和歌山
ガヤ
ガヤ
ガヤ
大繁盛でうれしいけど手が足りない！
こうなったら今日入荷したアレを使ってのりきる！
みなさ――んっ！本日限定激うま丼だよっ
それにしよー
おおーっ！
2杯くださーい！

大葉は千切りにする
トントンッ
炊きたてごはんを丼に盛る
特大
大盛っ
シラスをたーっぷりのせて！
どさっ

梅シラス丼
しょうゆとゴマ油を振って
大葉と梅干しを添えて
完成!!
簡単時短なのに絶品っ
激うま丼だよっ
んーっ！梅干し肉厚っ！
梅干しは和歌山の紀州南高梅！
ごはんによく合うよ～！
どんどんおかわりしてねーーっ
おぉー！っ

#31

牛っとネバれ!! まいがな丼

「まいがな」は鳥取県西部地方の方言で「美味しい」という意味だよっ!!

地元のナガイモ「ねばりっこ」を使ったホワイトソースとこんがりチーズが決めての牛丼!!

1人前

- 米 …… 1合
- 清酒(米に入れて炊く) …… 大さじ1
- 牛肉スライス …… 25g
- ニンジン(2㎜千切り) …… ⅛本
- シイタケ(粗みじん切り) …… (小)1枚
- 白ネギ …… ⅛本
- 刻み昆布 …… 1g
- 長芋(あれば、ねばりっこ) …… 25g
- 牛乳 …… 75cc
- ピザ用チーズ …… 5g
- パン粉 …… 3g
- パセリ …… 適量

A

- 濃口しょうゆ …… 小さじ½
- 砂糖 …… 小さじ¼
- イチジクジャム …… 小さじ1弱
- 赤ワイン …… 小さじ1弱
- コチュジャン …… 少々

B

- 味噌 …… 小さじ¼
- 薄口しょうゆ …… 小さじ¼
- 塩 …… 少々

鳥取
いらっしゃい！
何にしま…
えっっっ
ポロ。。
そっか…
部活がキツくて
限界だ…と
周りからの励ましも
心苦しいかぁ－…
うん、うん…
コク…
家に帰りたくなくて ついお店に
入ってしまった…と
コク…
ならついでに食べていきなよっ
あったまるよ！

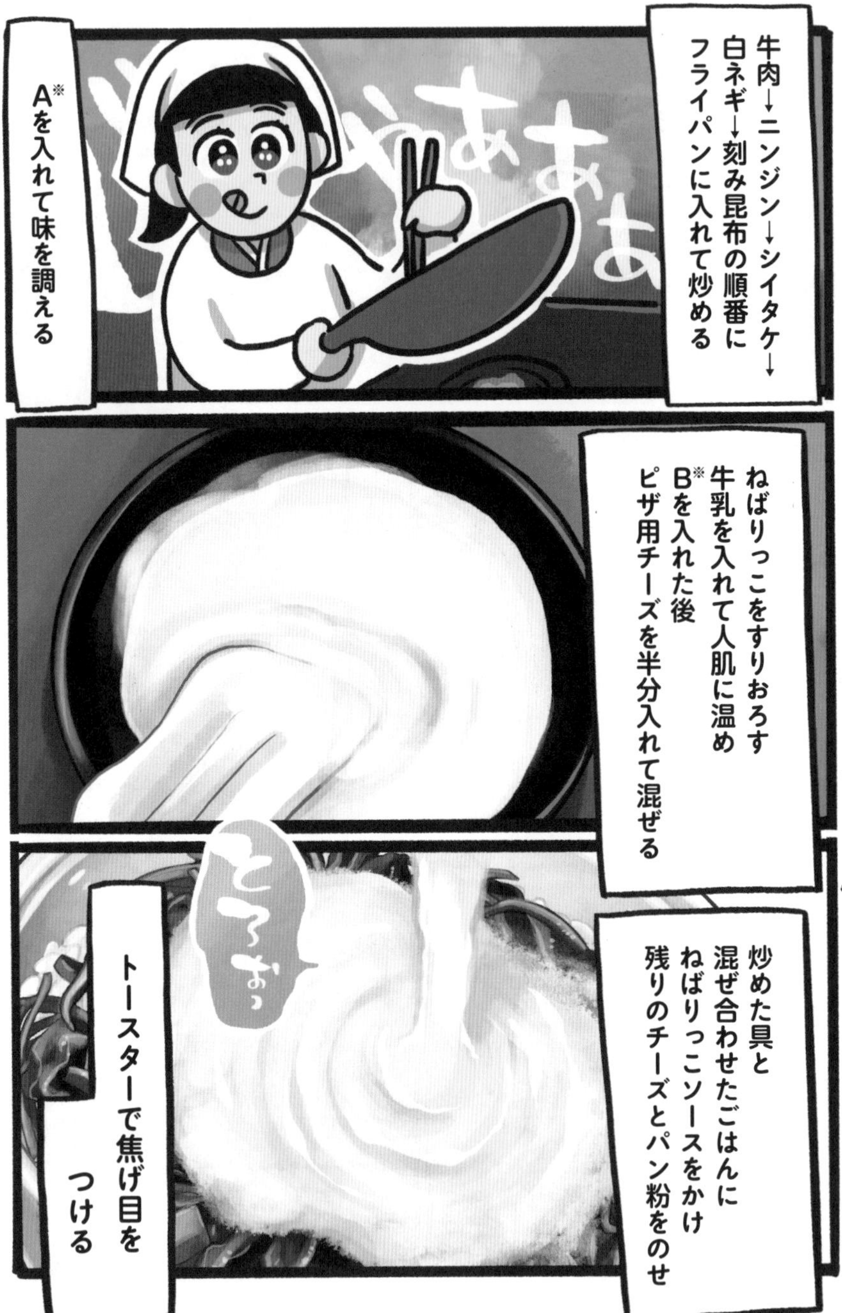
牛肉→ニンジン→シイタケ→白ネギ→刻み昆布の順番にフライパンに入れて炒める
A※を入れて味を調える
ねばりっこをすりおろす
牛乳を入れて人肌に温め
B※を入れた後
ピザ用チーズを半分入れて混ぜる
炒めた具と混ぜ合わせたごはんにねばりっこソースをかけ残りのチーズとパン粉をのせ
とろぉっ
トースターで焦げ目をつける

※A、BはP132を見てね

牛っとネバれ!!
まいがな丼
パセリをかけて
完成!!
ねばぁ
!!
ねばってほしい気持ちをこめてみました…
鳥取の長芋「ねばりっこ」を使ったねばねばソースがお肉にからんで美味しいでしょ
うん!がんばってね!

丼32

カレー風味の
トマ丼

彩りよく、子供とも一緒に作れるように工夫したよっ

カレー味でお肉も野菜もたっぷり食べられるよ

1人前

米	1合	ベビーリーフ、キャベツ（千切り）	適量
カレールー	8g	ベビーチーズ	½切れ
タマネギ	中¼個	トマト（トッピング用）、マヨネーズ	適量
牛・豚合いびき肉	50g		
トマト	½個		

島根
今日はみんなで「どんぶり」を作りましょう！
はーい
手はしっかり洗いましたか？
苦手なものも自分で作ってみたら美味しく食べられることもあるので作って食べてみましょう
保護者のみなさんも
お手伝いお願いしまーす！
はーい

マークの説明!!!
お子さんのみでもOK!
保護者の方にまかせてね!
2人で一緒にしようね
カレーのルーを細かく刻むタマネギはみじん切りに
フライパンでひき肉を炒める色がついたらタマネギを加えしんなりするまで炒める
細かく刻んだトマトを入れカレールーを加えて炒める
じゅうううう
どんぶりにカレーを少し入れてからごはんを入れ 真ん中にキャベツとベビーリーフをのせる
野菜の周りにカレーを入れてマヨネーズをかける

カレー風味の
トマ丼
くし形に切ったトマトと5㎜角に切ったベビーチーズをのせて
完成!!
いただきます!
野菜ちゃんと食べてえらいね!
トマトおいしーっ
島根県のお野菜なんだって~
おかわりっ!
えっ!? いつも残すのに!?
次はゆめがひとりで作るね!!

丼33

蒜《ひる》山《ぜん》ジャージースタミナ丼

肉の脂を利用して余分な油を使わず、肉の旨みを野菜にうつすのがポイント!!

真庭蒜山産のジャージー牛とえのきを使ったよ!!

1人前

米 …… 1合
牛バラ肉（あればジャージー牛肉） …… 75g
エノキ …… 50g
タマネギ …… （中）¼個
ニンジン …… 25g
焼き肉のたれ（甘口） …… 適量
青ネギ（小ネギ） …… 適量

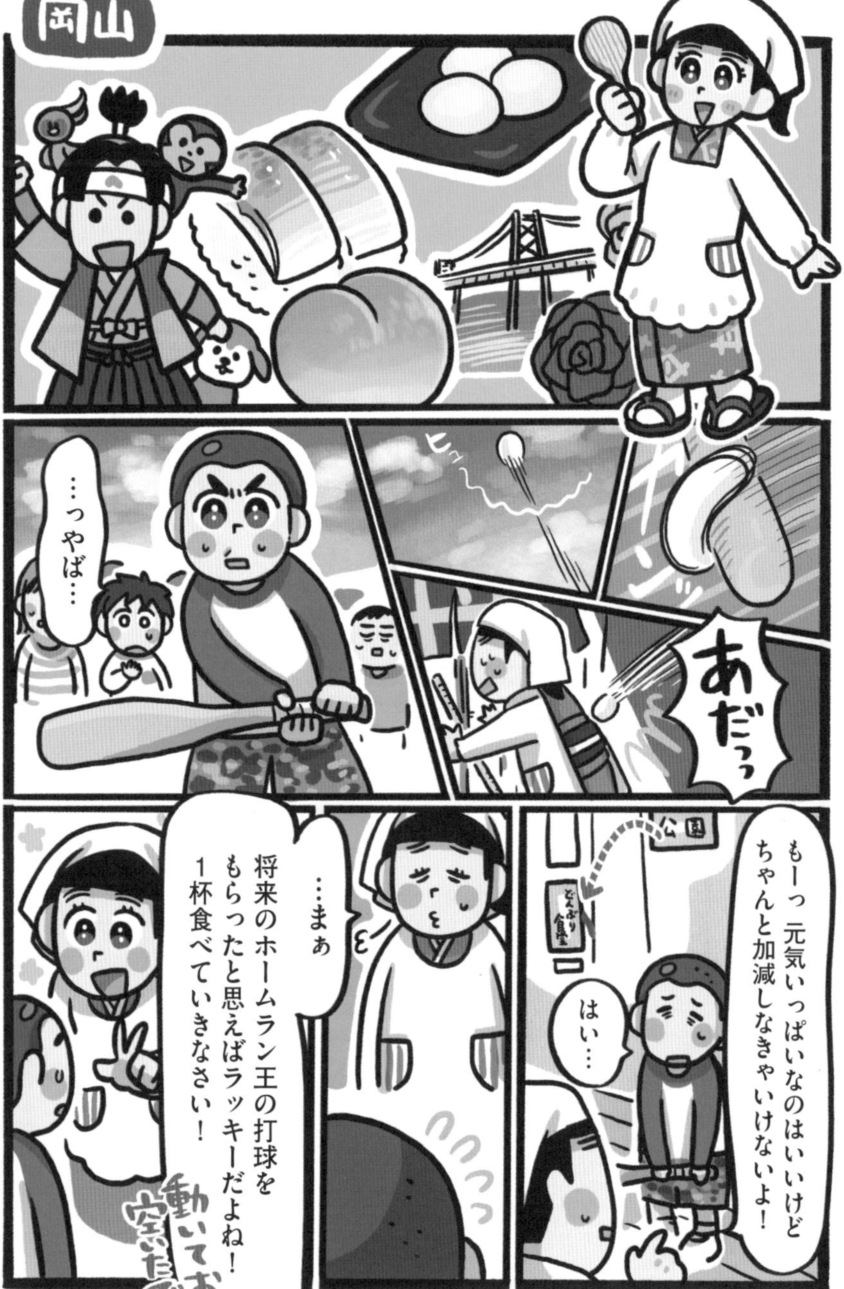
岡山
あだっっ
…っやば…
公園
どんぶり食堂
もーっ 元気いっぱいなのはいいけど ちゃんと加減しなきゃいけないよ!
はい…
…まぁ
将来のホームラン王の打球をもらったと思えばラッキーだよね! 1杯食べていきなさい!
動いてお腹空いたでしょ

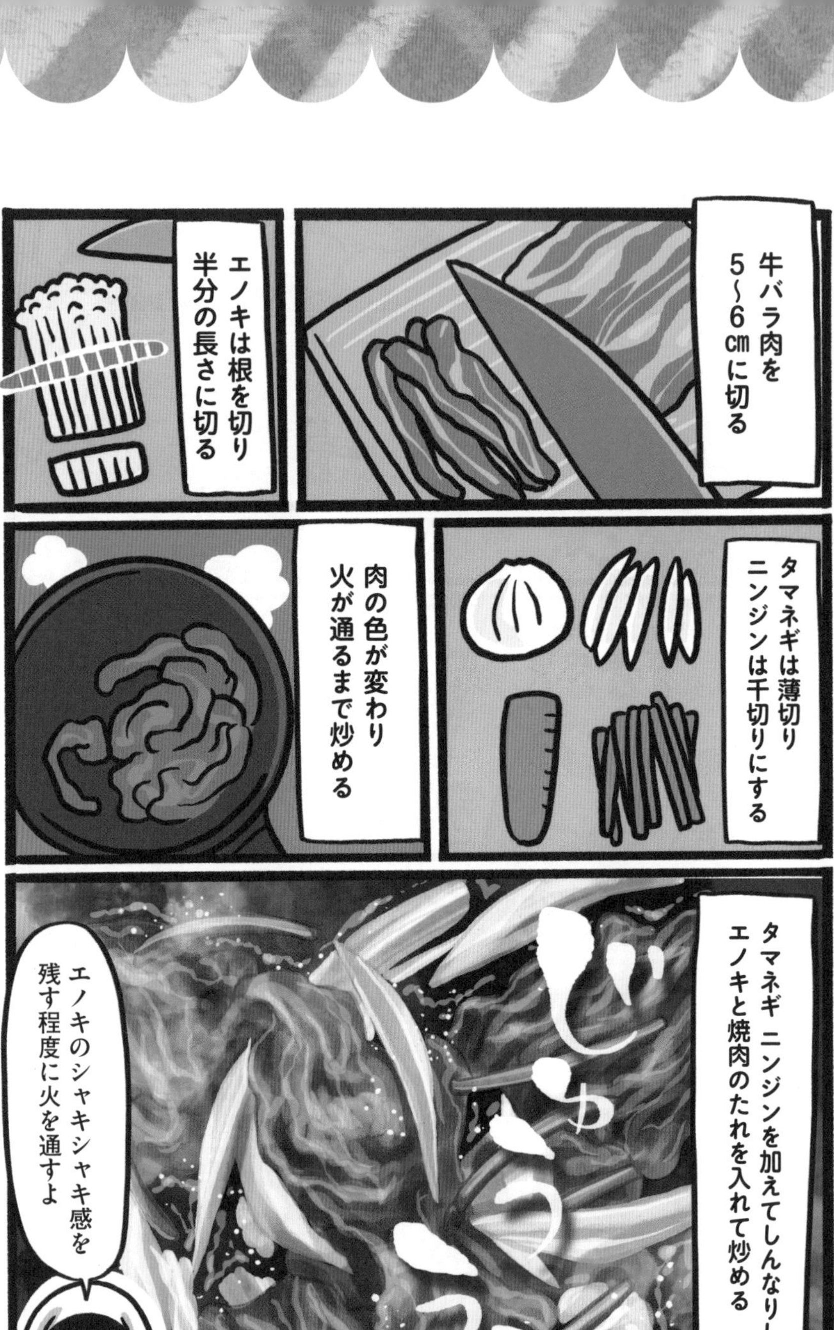
牛バラ肉を
5～6㎝に切る
エノキは根を切り
半分の長さに切る
タマネギは薄切り
ニンジンは千切りにする
肉の色が変わり
火が通るまで炒める
タマネギ ニンジンを加えてしんなりしたら
エノキと焼肉のたれを入れて炒める
じゅうううう
エノキのシャキシャキ感を
残す程度に火を通すよ

蒜山《ひるぜん》ジャージースタミナ丼

ごはんの上に具をかけ
細かく切った青ネギを散らして
完成!!
ゴク
ゴク……
どーぞ
バッ
うまっ!
肉のうまみを吸った
野菜うまっ!!
しっかり食べて
強く大きくなってね!
目指せ!! プロ野球選手!!
がんばれー!っ

丼34

世《せ》羅《ら》やさいの鶏丼

新鮮な広島県産の野菜や卵を使用しているよ!!

「松キノコ」がなかったら、しめじでも美味しく作れるよ♪

1人前

米	1合
鶏モモ肉	70g
塩こうじ	10g
ゴボウ	10g
小松菜	20g(1株)
アスパラガス	20g(1本)
松きのこ	10g
油	少々
塩	少々
卵	1個
牛乳	小さじ1
塩、コショウ、砂糖	各適宜
片栗粉	7g
コーンスターチ	8g
揚げ油	適宜
パプリカ(黄)	20g
ミニトマト	1個
唐辛子	適宜
片栗粉(甘酢あん用)	2g

A

だし汁	大さじ2
薄口しょうゆ	小さじ2
砂糖	大さじ1・1/3
酢	小さじ2

広島
こんにちは！
お久しぶり……ん？
あれ？
日焼けしてません？
実は日本一周の旅に出てたんですよっ
あっ
それで全国各地から食材を送ってくれてたんですか!?
今気づきました？
全農
ぜ
ぜ
ぜ

鶏モモ肉をひと口大に切り
塩こうじに20分漬けておく
ゴボウは2㎝ 小松菜は3㎝
アスパラガスと黄パプリカは
4㎝ 松きのこは傘つきで
半分に切り
中火で焦げ目が
つくくらい焼く
卵に牛乳 塩 コショウ
砂糖を少々入れて
手早く混ぜ
スクランブルエッグを作る
鶏肉にゴボウをくっつけて
片栗粉 コーンスターチをつけて
油で揚げる
A※を煮立てて
小口切りの唐辛子と片栗粉を加え
甘酢あんを作る

※AはP144に分量がのってるよ

世羅《せら》やさいの鶏丼

ごはんに肉と野菜をのせて
最後に甘酢あんをかけて
完成!!
お兄さんが送ってくれた野菜と卵で作りました〜
んんっ!!
これは広島産だなっ
んま〜…
フー…
いや〜…全国を巡ってみて
日本って海鮮はもちろん野菜も肉も一級品でそれらを最上級のお米と一緒に食べられるって幸せなことなんだなあ…って
農家の皆さんに感謝ですねっ!
ねっ

#35

おいしいっちゃ丼

はなっこりーは山口県オリジナル野菜。ブロッコリーと中国野菜サイシンをかけあわせた野菜
米粉衣でさくっふわっジューシーに!!

1人前

- 米 …… 1合

[かき揚げ]
- ニンジン …… 10g
- レンコン …… 10g
- はなっこりー（茎部分） …… 5g
- むきエビ …… 20g
- ゴボウ …… 7g

[鶏天]
- 鶏ムネ肉 …… 50g
- 塩こうじパウダー …… 適量

[はなっこりー天]
- はなっこりー …… 20g

[天ぷら粉]
- 米粉入り天ぷら粉 …… 60g
- 水 …… 50cc

[たれ]
- しょうゆ …… 大さじ2
- みりん …… 大さじ2
- 砂糖 …… 大さじ1

[飾り]
- 大葉 …… 3枚
- 刻みのり …… 適量

山口
雨か…
うわぁー 急に降ってきたっ
バタ
バタ
ザー
雨宿りしていきます？
カラッとしたの作るので！

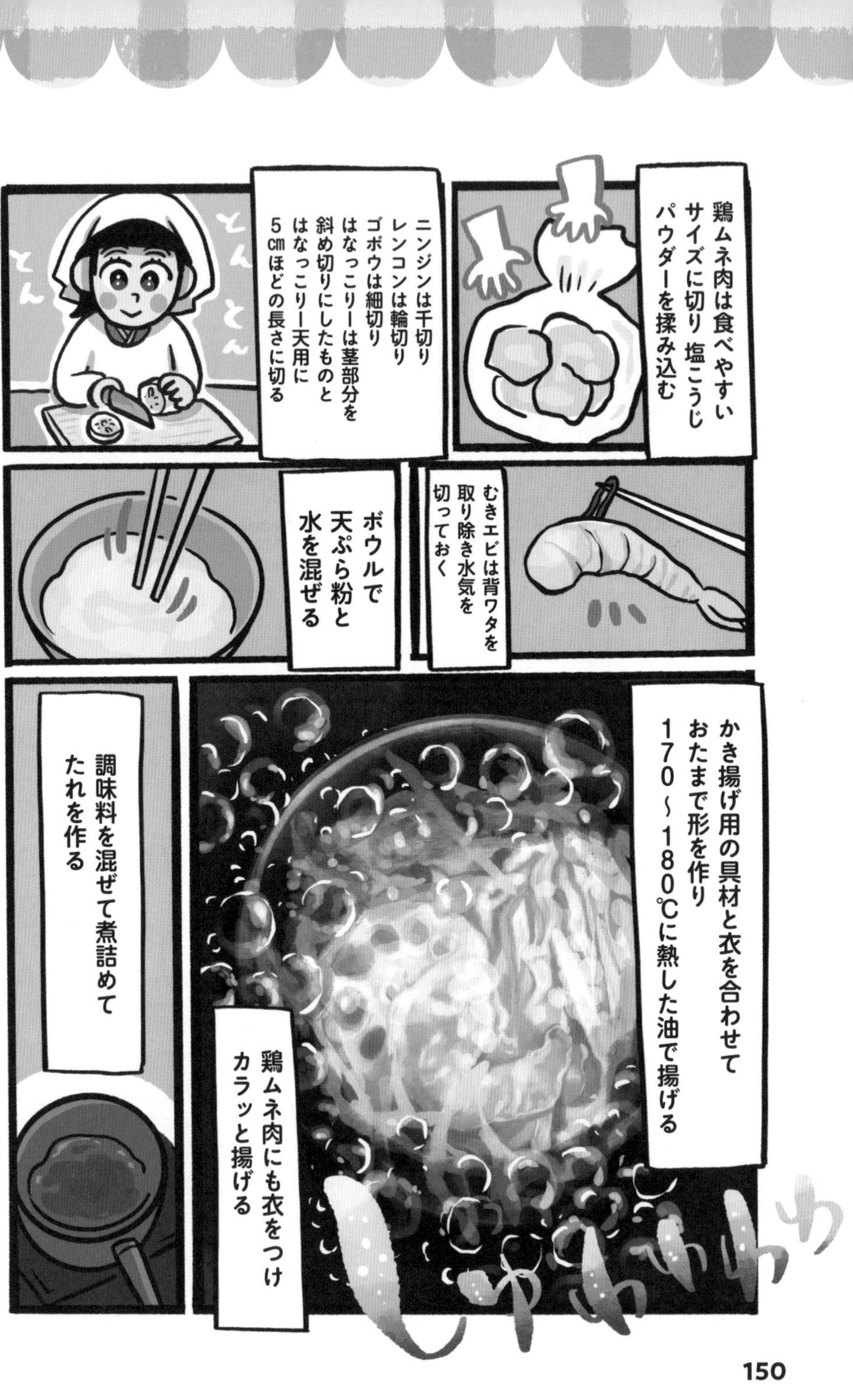
鶏ムネ肉は食べやすいサイズに切り 塩こうじパウダーを揉み込む
ニンジンは千切り
レンコンは輪切り
ゴボウは細切り
はなっこりーは茎部分を斜め切りにしたものとはなっこりー天用に5㎝ほどの長さに切る
とん とん とん
むきエビは背ワタを取り除き水気を切っておく
ボウルで天ぷら粉と水を混ぜる
かき揚げ用の具材と衣を合わせておたまで形を作り170～180℃に熱した油で揚げる
鶏ムネ肉にも衣をつけカラッと揚げる
しゅわわわわ
調味料を混ぜて煮詰めてたれを作る

おいしいっちゃ丼
ごはんの上に鶏天 かき揚げ はなっこりー天をのせ 大葉と刻みのりを添えて 全体にたれをかけたら
完成!!
本当にカラッとしてる…
サクッ
野菜とお肉がひとつにまとまってうまみがギュ～ッと凝縮されてますね～!
エビの風味もいいっ
あ、雨も、やんだみたいですよ…
美味しいごはんを食べて心も晴れやかになったよ
よかった!

丼36

ラッキー

阿波踊り丼

ご飯を二層にすると、どんぶり最後まで同じ味が楽しめるよ!!

野菜は生に近い状態でしゃきしゃき食感にしよう!!

1人前

- 米 …… 1合
- 鶏モモ肉（あれば阿波尾鶏） …… 100g
- 味噌 …… 大さじ1
- 酒 …… 大さじ½
- 砂糖 …… 小さじ2
- トマト（みじん切り） …… 15g
- シイタケ …… 大½枚
- サラダ油 …… 大さじ½
- キュウリ …… ¼本(25g)
- ニンジン …… 20g
- サツマイモ …… 25g
- 水 …… 100cc
- 砂糖 …… 大さじ1
- みりん …… 大さじ1
- レンコン …… 10g
- 酢 …… 大さじ½
- 砂糖 …… 大さじ½
- 塩 …… 少々
- すだち …… ¼個

徳島
え…
特賞〜〜っ!
おまけしときますね
えっ…
ええ〜っ!?
…とラッキーなことが重なり…いつも「小不幸」気味の私は今少し怖い…
おかみは小心者だなぁ〜
運を使い果たしてしまう前に…
幸せのおすそ分け!
全員に1杯ごちそうします!

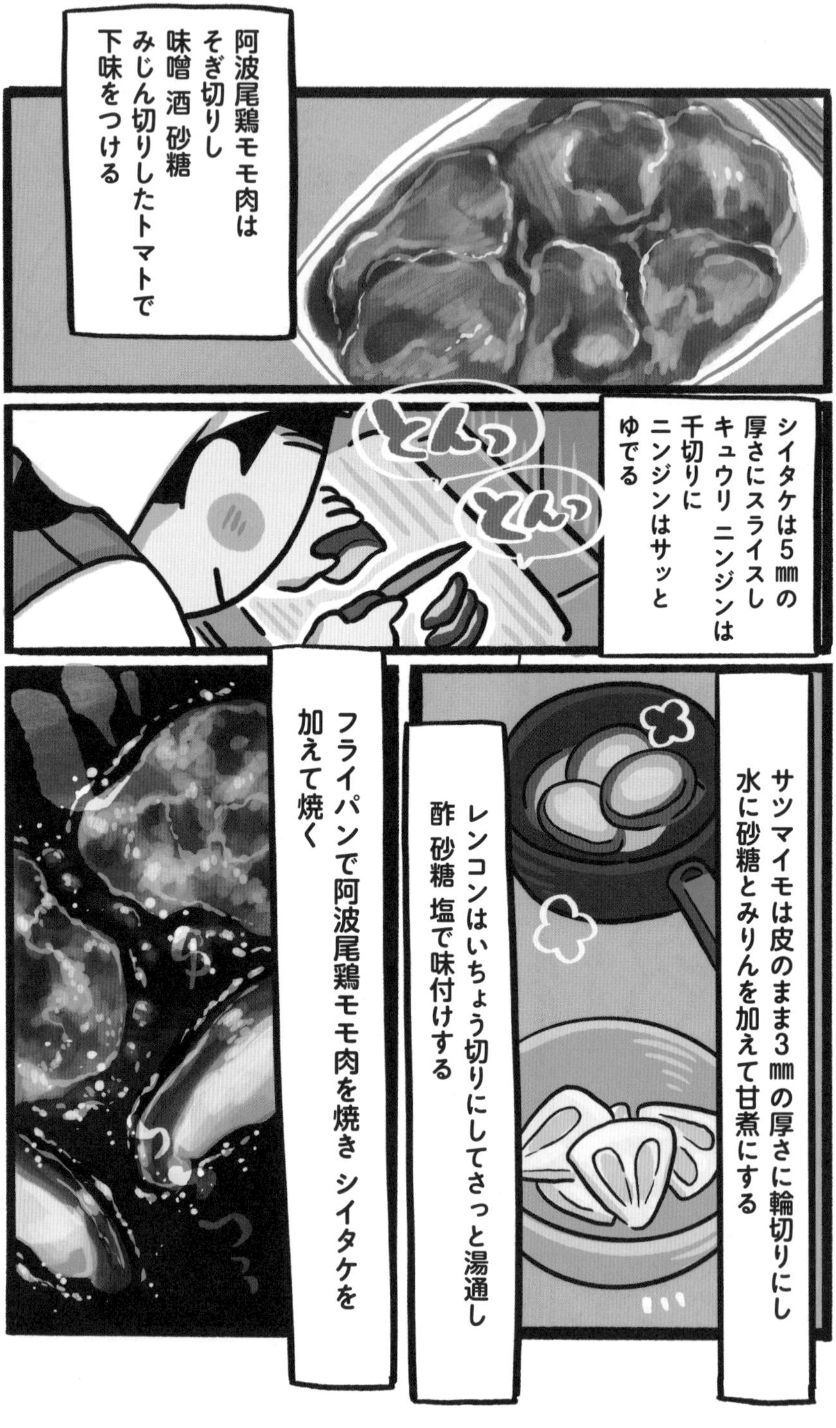

阿波尾鶏モモ肉は
そぎ切りし
味噌 酒 砂糖
みじん切りしたトマトで
下味をつける
シイタケは5㎜の
厚さにスライスし
キュウリ ニンジンは
千切りに
ニンジンはサッと
ゆでる
とんっ
とんっ
サツマイモは皮のまま3㎜の厚さに輪切りにし
水に砂糖とみりんを加えて甘煮にする
レンコンはいちょう切りにしてさっと湯通し
酢 砂糖 塩で味付けする
フライパンで阿波尾鶏モモ肉を焼き シイタケを
加えて焼く

丼にごはんを半分盛って
鶏モモ肉2切れ 焼きシイタケ2切れを
のせ その上にさらにごはんを盛る
ラッキー
阿波踊り丼
キュウリ ニンジンを散らし
鶏モモ肉 シイタケ
サツマイモ レンコン
すだちを飾って
完成!!
鶏肉の歯ごたえがいいっ!
二層にするとどんぶりが最後まで楽しめるねえ
シイタケも鶏のうまみを吸ってて ジューシーで美味しい～
でしょっ でしょっ
私たちもこんな美味しいどんぶりに巡り会えてラッキーですよっ!!
ラッキー

丼37

いのしし三色丼

野山を駆け巡る「いのしし」のように、元気に！たくましくなろう！

いのしし肉の代わりに鶏、合いびき）ミンチ肉でもOK！

1人前

米	1合
いのしし肉(スライス)	75g
だし汁	150cc
A 砂糖、しょうゆ、みりん	各大さじ1
B しょうゆ、みりん	各小さじ1
卵	1個
砂糖	小さじ1
塩	少々
バター	10g
ほうれん草	50g
紅ショウガ	少々

香川
美味しいの
いっぱい！
くださーい
あれ…疲れて三重に見え…
三つ子だよっ
一番美味しそうな
これください！
……
これだよ〜〜〜!!
ちょ———っと待って〜〜〜っ!!
ギャー

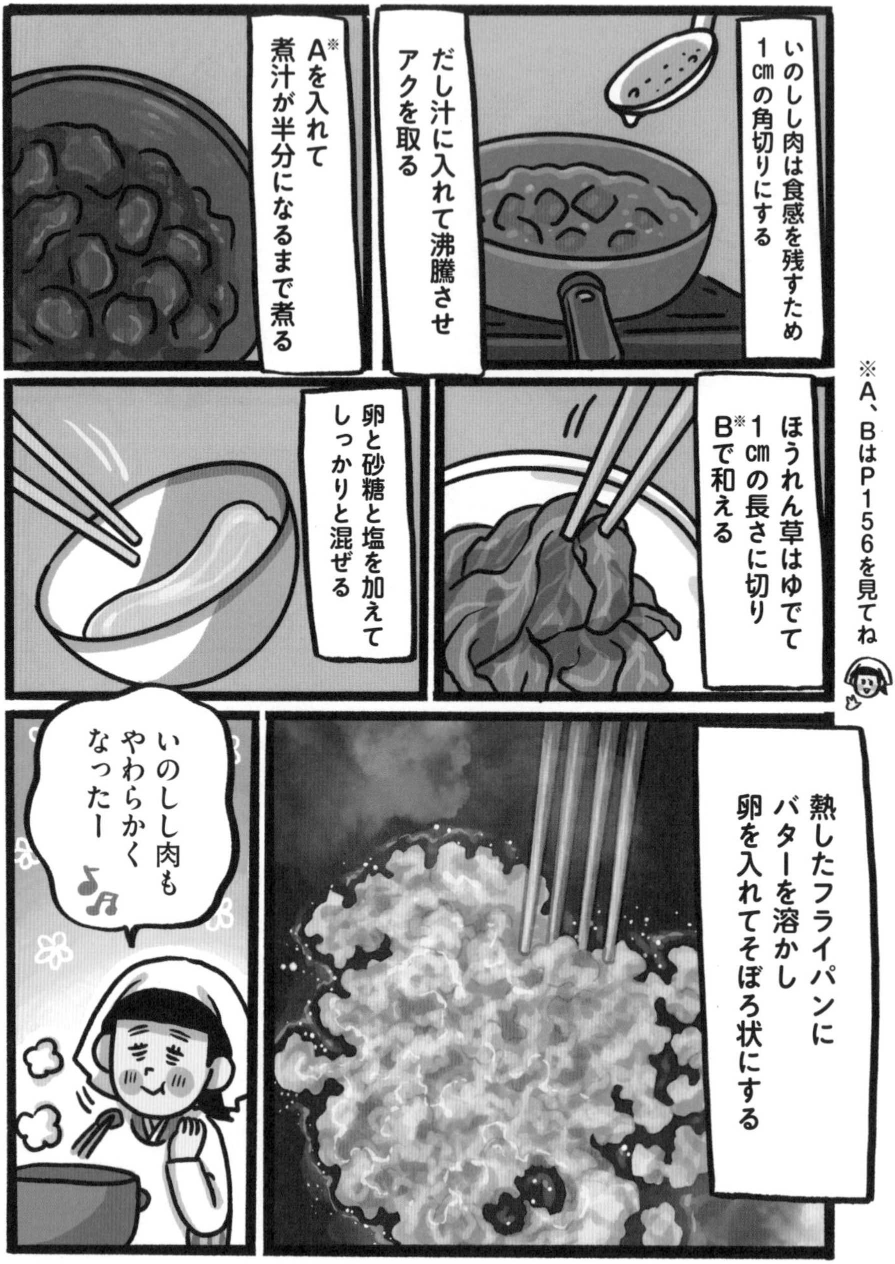
いのしし肉は食感を残すため
1㎝の角切りにする
だし汁に入れて沸騰させ
アクを取る
A※を入れて
煮汁が半分になるまで煮る
※A、BはP156を見てね
ほうれん草はゆでて
1㎝の長さに切り
B※で和える
卵と砂糖と塩を加えて
しっかりと混ぜる
熱したフライパンに
バターを溶かし
卵を入れてそぼろ状にする
いのしし肉も
やわらかく
なったー

いのしし三色丼

ごはんに
いのしし肉煮汁大さじ2をかけ
いのしし肉 ほうれん草 卵を盛り
紅ショウガをのせ
完成!!
三色だ
どう? 1杯で3つの味が楽しめるよ
ほうれん草が甘い!
卵 ふわふわ〜
いのししのお肉やわらか〜い
次からはこれ頼も一っ
うんっ

丼38

えひめ産さんどんぶり

高タンパク・低脂肪のむね肉を使用することで疲労も回復!!

ご飯にも地鶏ハンバーグのタレにもみかんジュースを使用!酸味が効いた味わいがグッド!!

1人前

〈みかんごはん〉

米 ……………………………… 1合
ミカンジュース(果汁100%)
※炊飯時の水は全てジュースを使用

〈添え物〉

カボチャ(厚さ5mm切素揚げ) ……………… 3枚
ニンジン(厚さ5mm切素揚げ) ……………… 1枚
アスパラガス(塩ゆで) …… 穂先使用2本
キヌサヤ(塩ゆで) ……………………… 2枚

〈媛っこ地鶏ハンバーグ〉

鶏ムネ肉ミンチ …… 80g
木綿豆腐 ……………… 20g
長芋 ………………………… 5g
レンコン ………………… 5g
干しシイタケ … 中½枚
ニンジン ………………… 5g
ピーマン ……………… 中¼個
タマネギ ……………… 中¼個
白ゴマ ……………… 小さじ1
青のり ……………… 小さじ1
卵白 ……………………… ¼個分
片栗粉 …………… 大さじ½
塩、コショウ、ニンニク、
ショウガ、ゴマ油 - 少々

〈たれ〉

しょうゆ、みりん、料理酒、
水、ミカンジュース
……………………………… 各大さじ1
砂糖 …………… 大さじ1・½
片栗粉(水で溶いておく)
……………………………… 小さじ½

愛媛
温泉
ほしいかと
おもって!!
全農
おかみ
持とうか?
大丈夫っ
あわあわっ
みかん
みかんっ
お兄さん…また大量に…
美味しそうだな…
ふーーっ…
ほっ
みかん
しかし…うん…
これは…
よし!
作ってみよう

お米をといだ後
水の代わりに
ミカンジュースを入れて
炊飯器のスイッチをオン
ドキドキ する…
干しシイタケは水で戻し
木綿豆腐は水気を取る
シイタケ ニンジン ピーマン
タマネギはみじん切りに
長芋とレンコンは
7㎜の角切りにする
フードプロセッサーも
オススメだよ!
ムネ肉ミンチと食材に
卵白 白ゴマ 青のり 片栗粉
調味料を入れて混ぜる
食感を残すために
レンコン 長芋は最後に
入れるのがオススメだよ!
タネを四等分にして
両面に焦げ目がつくまで焼く
じゅうう
たれ用の調味料を
鍋で沸かし
水溶き片栗粉を入れて
とろみをつける

えひめ産さんどんぶり
ミカンごはんに素揚げと塩ゆでをした野菜を盛り付けて
ハンバーグをのせて完成!!
…できた…
いただきます
モグモグ
ミカンの酸味が甘辛だれのハンバーグに絶妙に合う…これは…
最高っ!!
おかみー!! それ１杯くれーっ!
まだっ 試作品で…
おれにもーっ!

丼39

四万十ポークで作る

生姜焼きどんぶり

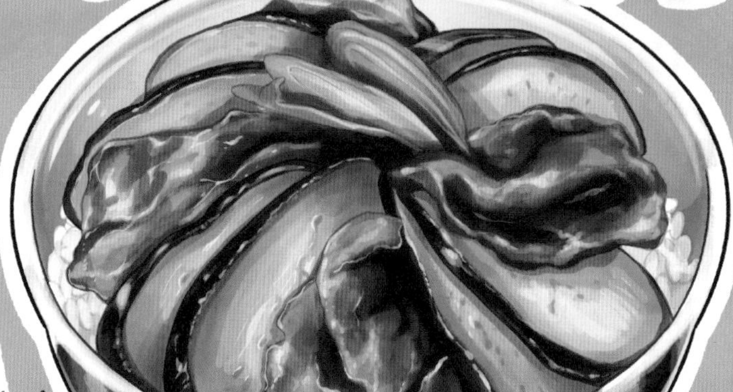

豚の生姜焼きとジューシーな揚げなすがご飯に合う!!

みょうがの酢漬けが爽やかなアクセントになるよ!

1人前

米	1合
豚薄切り肉（あれば四万十ポーク）	100g
ナス	1本
ショウガ	適量
ミョウガ	1本
塩	適宜
油	適宜

調味料A

酢	適宜
しょうゆ	適宜
酒	適宜
砂糖	適宜

高知
……
……
ますみちゃん
よかったら
今日のオススメ
食べてみない？
あっ　はい
ふぅ〜…
ますみちゃんの
ために
腕によりをかけて
作るよっ！
ありがとう
ございます〜

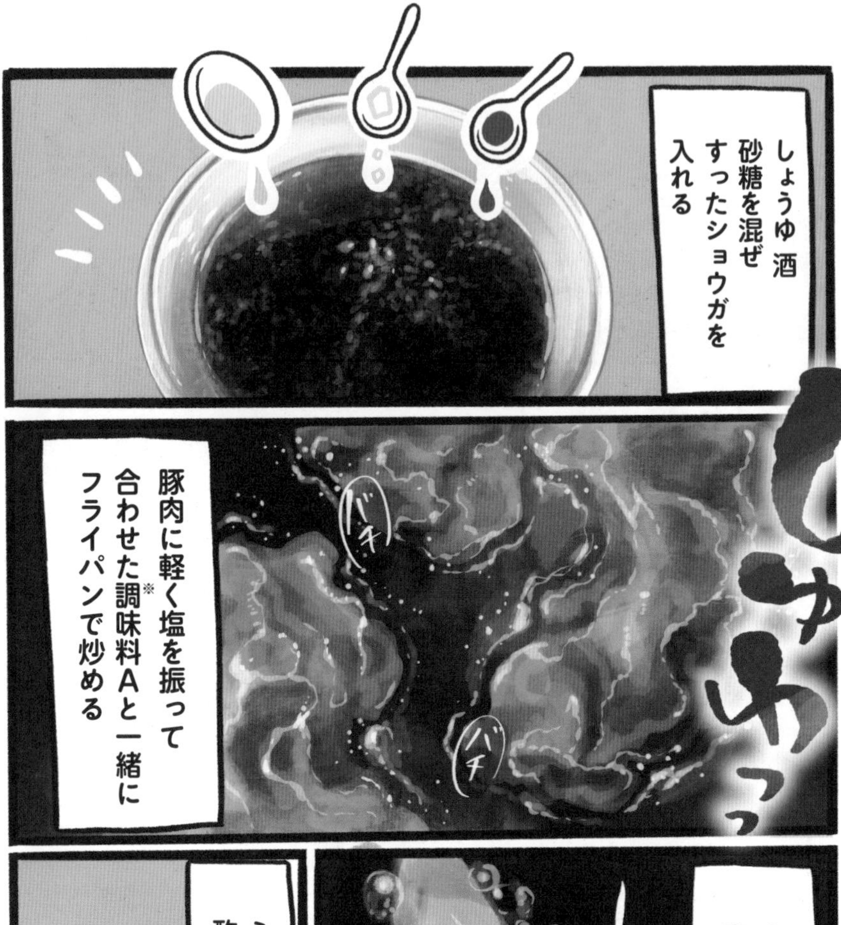
しょうゆ 酒
砂糖を混ぜ
すったショウガを
入れる
じゅわァァ
豚肉に軽く塩を振って
合わせた調味料※Aと一緒に
フライパンで炒める
パチ
パチ
ナスは斜めに切って
素揚げしておく
しゅわわわわ
ミョウガは薄切りにして
酢に漬けておく

※調味料AはP164を見てね！

四万十ポークで作る
生姜焼きどんぶり
ごはんの上に生姜焼きと
揚げたナス ミョウガの酢漬けを
添えて
完成!!
モグ
ほわぁ…
疲れた体に酸っぱいものが
効くでしょ…
!!
実は…
……
疲れきった日でも
どんぶりは優しいよ

丼40

itoshima豚丼

ピーマンみその甘い香りと味で、食欲がどんどん出て来るよ！
ピーマンみその代わりに、にんにくみそやねぎみそ、青唐辛子みそ（少量）でも美味しくつくれるよ！

1人前

米	1合
豚バラ肉（焼き肉用）	100g
キャベツ	50g
ピーマン味噌	90g
塩、コショウ	少々
油	適量
小ネギ	10g

福岡
ど…どうしたの…？
お久しぶりです～～
2か月前
うめ～
実は一人暮らしを始めまして…
バイトかけもちしたり
失恋したり 学業も上手く
いかなかったりで…あはは…
ドスドス
元気になりたくて
来ちゃいました…
キュン
おかみ心を
込めて作ります

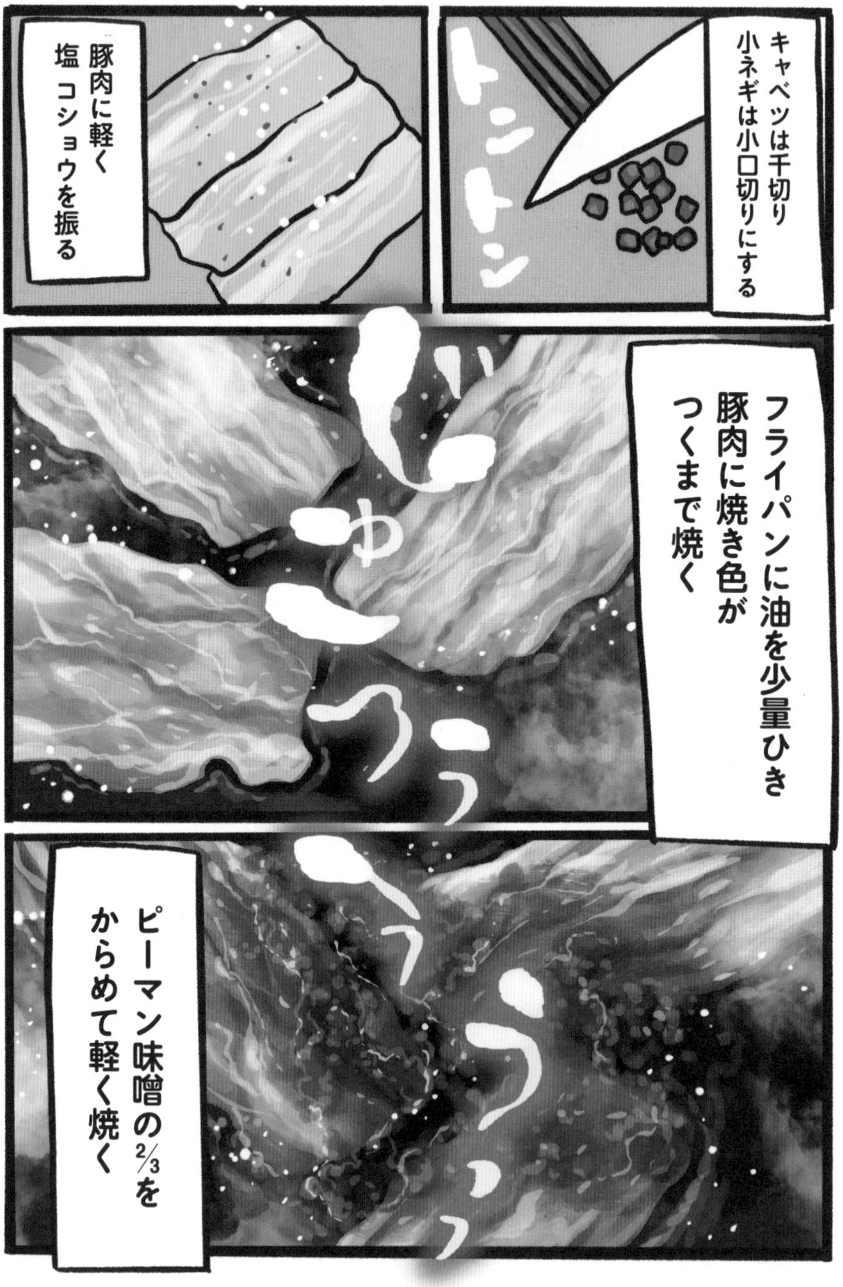
キャベツは千切り
小ネギは小口切りにする
トントン
豚肉に軽く
塩 コショウを振る
フライパンに油を少量ひき
豚肉に焼き色が
つくまで焼く
じゅーううう
ピーマン味噌の2/3を
からめて軽く焼く

itoshima豚丼
ごはんの上にキャベツをのせ
その上に豚肉と
残りのピーマン味噌をかけ
ネギを散らして
完成!!
じゅわっ!
うっ…
ごはんが止まらない!
ガッ
ガッ
前の感じが
戻ってきた〜
このレシピ簡単だし
一人暮らしの人にもオススメ
だからメモしておいたよ
おかみ〜〜

丼41

がばいうまか！さが盛り丼

肥前さくらポーク、レンコン、海苔など佐賀の美味がてんこ盛り！
レンコンをフードプロセッサーですりおろしておけば、短時間で調理できるよ

1人前

米	1合	鶏ひき肉	25g
豚バラ肉（肥前さくらポーク）	100g	レンコン	2cm
サラダ油	少々	レンコン（すりおろし用）	2cm
		ネギのみじん切り	少々
		片栗粉	少々

A

みりん	大さじ1
酒	大さじ1
しょうゆ	大さじ½
砂糖	大さじ½
ニンニク（すりおろし）	少々

B

砂糖、しょうゆ、みりん、酒 …… 各小さじ½

C

溶き卵	少々
だししょうゆ	少々
小ネギ（小口切り）	少々
片栗粉	少々

のり	1切れ
アスパラガス	1本
トマト	¼個
レタス	1枚
ブロッコリー	2房
スイートコーン	¼本

佐賀
もうっっっ
ほっといてくれっ！
切るけんね！
つるっ
おかみ
驚かさないでよ〜
悪りぃ…ちょっと…親ともめちまって…
イライラ。。
…俺だってわかっとっさ…
…
…
今日はおかみ特別メニューにしちゃおっかな

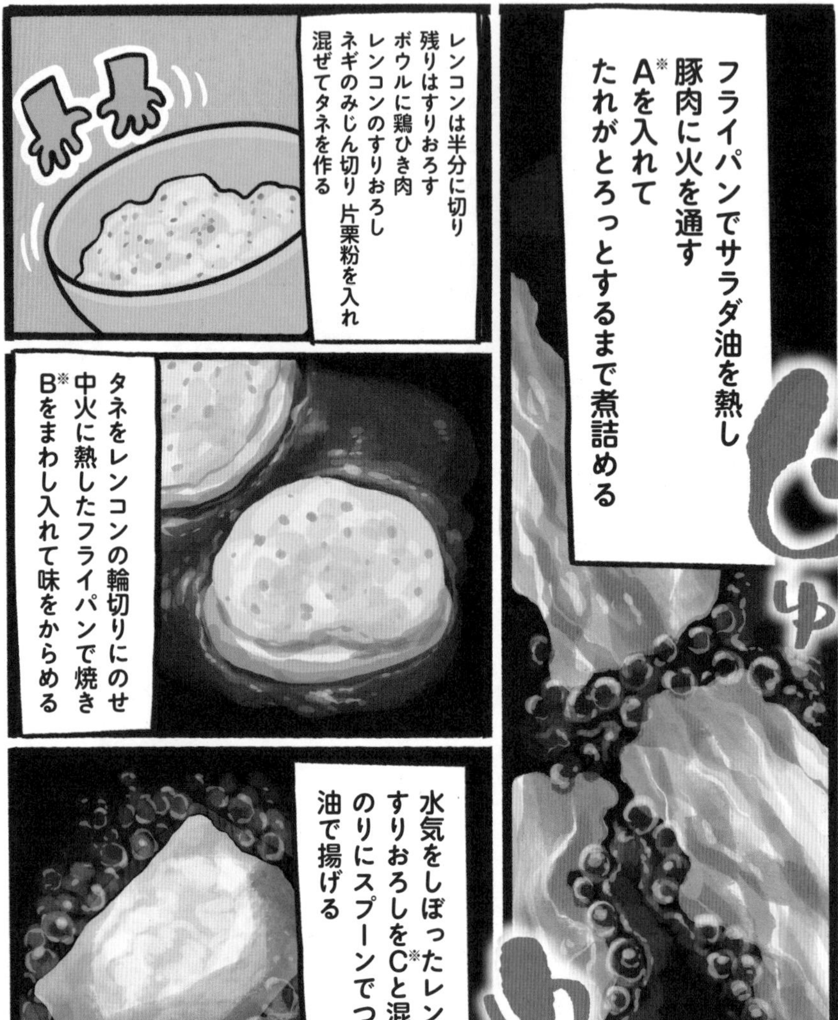
フライパンでサラダ油を熱し
豚肉に火を通す
A※を入れて
たれがとろっとするまで煮詰める
じゅわわわぁ
レンコンは半分に切り
残りはすりおろす
ボウルに鶏ひき肉
レンコンのすりおろし
ネギのみじん切り 片栗粉を入れ
混ぜてタネを作る
タネをレンコンの輪切りにのせ
中火に熱したフライパンで焼き
B※をまわし入れて味をからめる
水気をしぼったレンコンの
すりおろしをC※と混ぜて
のりにスプーンでつけ
油で揚げる

※A〜Cの分量はP172を見てね

がばいうまか!
さが盛り丼
レタスは食べやすい大きさにちぎり
トマトは角切りに アスパラガスとブロッコリーは
ざっとゆがく ラップに包んで600Wのレンジで
1分 加熱したスイートコーンをのせて
完成!!
この味付け…
懐かしか…
昔 父ちゃんよく日曜に
豚丼作ってくれたな…
喜んで食べる俺を
父ちゃんはニコニコして
見とったなあ～…
そうなんだね
ここ がばい
うまか店でさっ
そか～

丼42

長崎ちゃんぽん丼

とろみを効かせたあんがご飯にぴったり

野菜もお肉も入って栄養満点!!

1人前

米	1合	キクラゲ	5g
キャベツ	25g	豚バラ肉	40g
もやし	50g	イカ	10g
ニンジン	10g	かまぼこ(緑・赤)	10g
タマネギ	25g	塩、コショウ	適量
タケノコ	20g	ちゃんぽんスープ(濃縮・液体)	20ml
インゲン	10g	水	135ml
干しシイタケ(水で戻す)	1枚	片栗粉	小さじ1

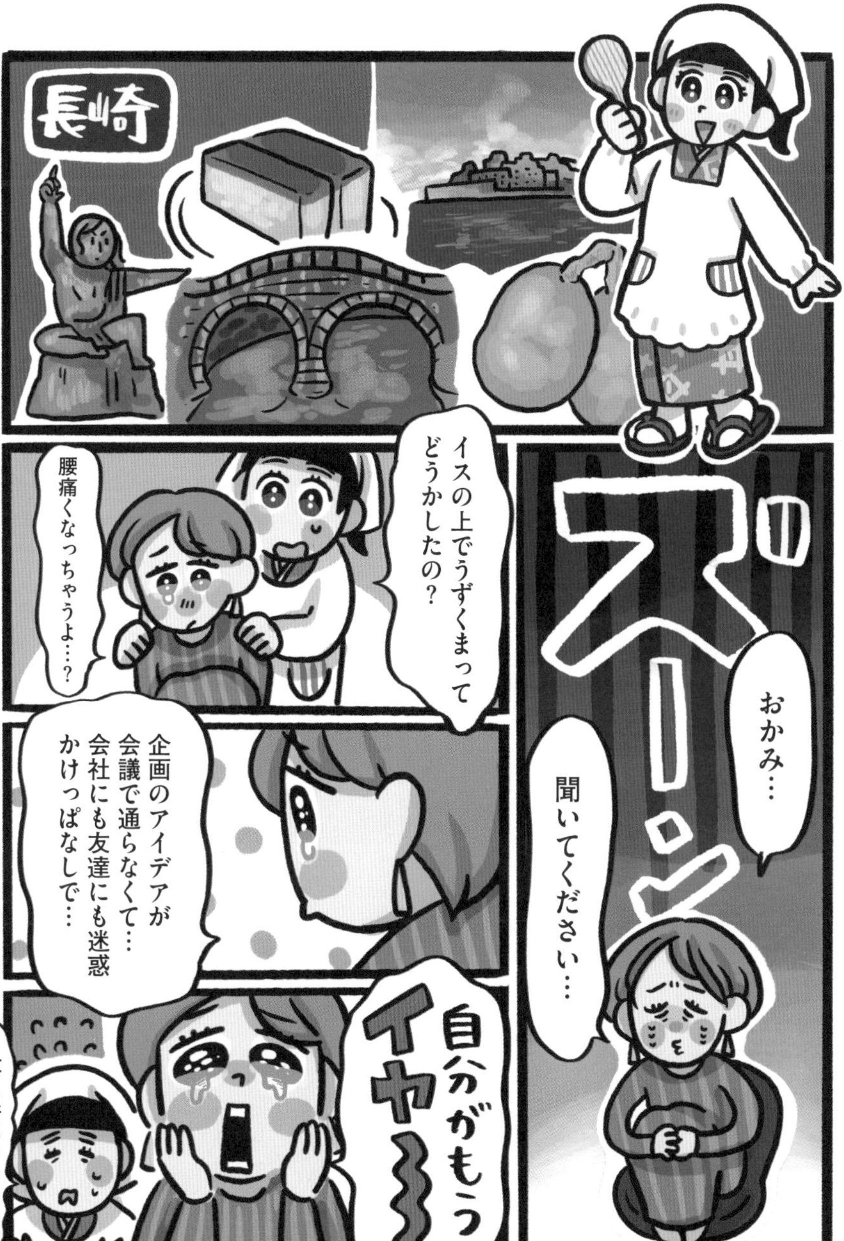
長崎
おかみ…
聞いてください…
ズーン
イスの上でうずくまってどうかしたの？
腰痛くなっちゃうよ…？
企画のアイデアが会議で通らなくて…会社にも友達にも迷惑かけっぱなしで…
自分がもうイヤ〜〜っ
落ち着いて！どんぶり食べない？

トン
トン
具材を薄い
短冊切りにする
深めのフライパンに油をひいて豚肉を炒め
ニンジンなどの固い具材から加えて炒め
塩 コショウを振る
じゅううう
ちゃんぽんスープと水を加えて煮る
ふっふっ
ふっふっ
片栗粉を加えて
とろみをつける
とろぉ…

長崎ちゃんぽん丼
ご飯の上に具とあんを一緒にかけて
完成!!
ちゃんぽん…麺じゃないんだ…
でも美味しそう
ちゃんぽんを丼にしてみたの
当たり前に縛られていたら新しいアイデアは生まれないからね！
あっ
閃いたっ
なんか元気が出てきたよいただきます！
あはは

丼43

タイピーエン丼

郷土料理「タイピーエン」をヒントに、豚肉、野菜、春雨を鶏ガラスープで煮込んだ一品だよ!!

食欲をそそり、栄養バランスもいい、簡単にできる時短料理だよ!

1人前

米	1合
豚モモ肉(薄切り)	25g
春雨(水で戻しておく)	25g
白菜(またはキャベツ)	30g
ニンジン	15g
タケノコ(ゆで)	20g
シイタケ	1枚
長ネギ	1/4本
ウインナーソーセージ	適量
ゆで卵	1個
片栗粉	適宜
鶏ガラスープ	125cc
しょうゆ	小さじ1
油	適量
塩、コショウ	適量

熊本
おかみ〜〜
はーーいっ?
あっ 七城さん
この間のサッカーの試合どうだった?
圧勝しました! この子のおかげで!
それが…
よーし! お祝いにどんぶりだね!

豚肉と白菜はひと口大に切り
ニンジンは5㎝の長さで千切り
シイタケも千切り ゆでタケノコは薄切り
長ネギは斜めの薄切りにする
トントン
トントン
じゅううう
油を熱したフライパンで
豚肉を強火で炒め
白菜 ニンジン シイタケ ゆでタケノコ
ウインナーを加えて炒める
鶏ガラスープとしょうゆを加えて 沸いてきたら塩 コショウと
水で戻した後5㎝の長さに切った春雨を加え
やわらかくなるまで煮る
ゆで卵に片栗粉を全体にまぶし 油で揚げて
半分に切る

タイピーエン丼
ごはんに具をかけ切った揚げ卵をのせて
完成!!
わっ！春雨が野菜のうまみとお肉のコクを吸ってごはんに合う！
……
私この子にレギュラーをとられちゃったんです…
先輩…
最初は悔しくて嫉妬してたけど試合で活躍するこの子を見てたら負けてられないって思えました
はいっ！
まずはどれだけ食べられるか勝負だっ！
うんうん

丼44

チキンタルタルソース丼

キャベツを熱湯にくぐらせることで食べやすくしてみたよ！
ラッキョウの甘酢漬けが隠し味のタルタルソースをたっぷりかけよう！

1人前

米	1合	らっきょう（甘酢漬け）	5粒
鶏モモ肉	120g	パセリ	少々
キャベツ	1枚	塩、コショウ	少々
かいわれ大根	少々	小麦粉、溶き卵、パン粉、油	各適宜
ゆで卵	1個	焼き肉のたれ	適宜
マヨネーズ	25g	刻みのり	適宜
タマネギ	¼個		

大分
わっ
背が伸びたねえ！
つい最近会ったばかりなのに…本当にすぐ大きくなるね！
よし！もっと大きくなってもらうためのどんぶりを作るよ！

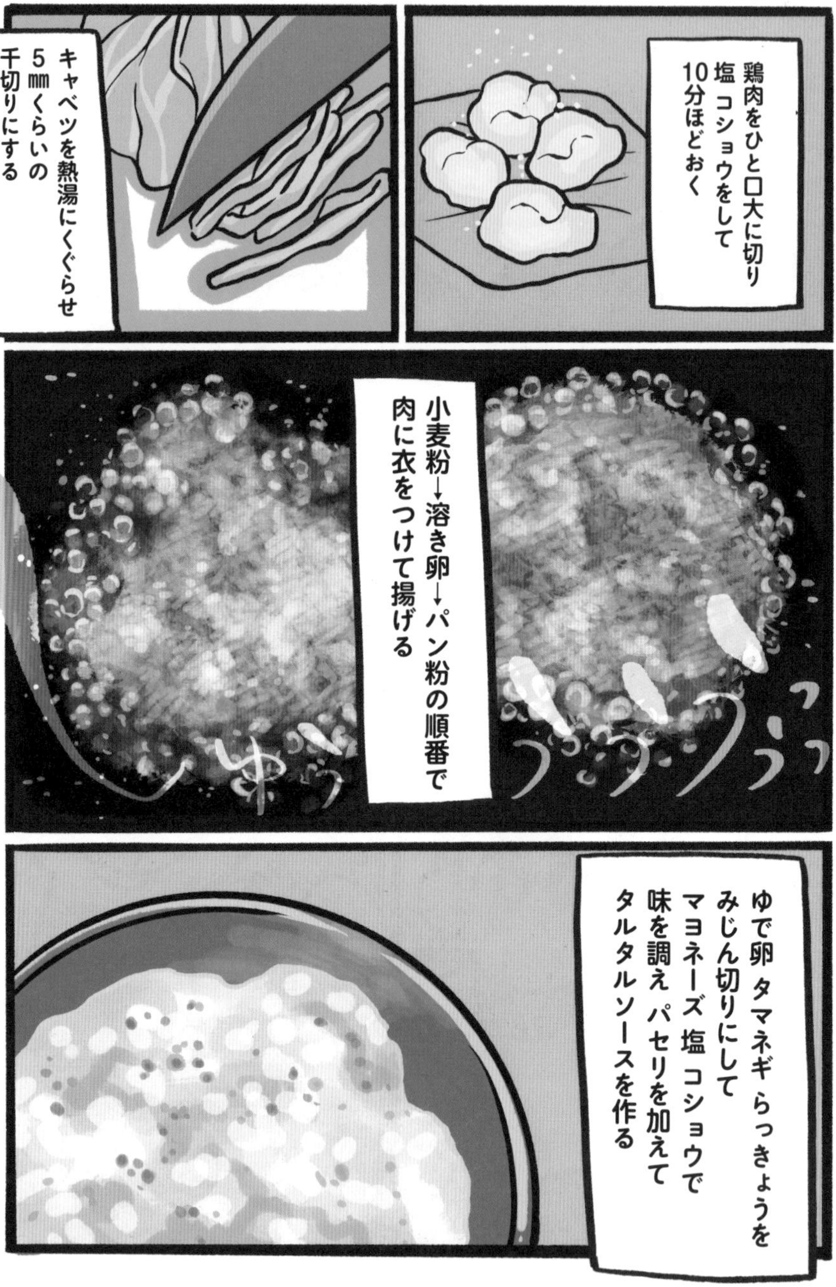
鶏肉をひと口大に切り
塩 コショウをして
10分ほどおく
キャベツを熱湯にくぐらせ
5㎜くらいの
千切りにする
小麦粉→溶き卵→パン粉の順番で
肉に衣をつけて揚げる
ゆで卵 タマネギ らっきょうを
みじん切りにして
マヨネーズ 塩 コショウで
味を調え パセリを加えて
タルタルソースを作る

チキンタルタルソース丼
ごはんに焼き肉のたれをかけて
千切りキャベツ チキンカツをのせる
タルタルソースをかけて
かいわれ大根と刻みのりを飾り
完成!!
うわっ
最高だぁ…
鶏肉がプリップリで
タルタルソースがキャベツに
からんでごはんが止まらない!
これで
もっと
大きくなれるかな?
このお店より大きくなる!
それは勘弁して〜

丼45

さんさん丼

たくさんの食材を、少ない調味料で作れるよ！

千切り大根や、さつまいものカツで、太陽がサンサンと輝く南国宮崎をアピール！

1人前

〈千切りだいこんごはん〉

米	1合
切り干し大根	15g
干しシイタケ	1本
ニンジン	15g
ショウガ	½かけ
ツナ缶	½缶
粉末だし	小さじ山盛り1杯

〈いもカツ〉

サツマイモ	大¼本
豚肉（薄切り）	2枚
大葉	2枚
スライスチーズ	1枚
米粉（または小麦粉）、卵、パン粉	適量

〈やさいのソテー〉

カラーピーマン（緑・赤・黄）	各¼個
シイタケ	½枚
塩・コショウ	少々

キンカン	1個

宮崎
んっ
くしゅっ
朝は寒いなぁ…
つい最近まで夏だった気がするけど…
ん！
こんな時はあののどんぶりだな！

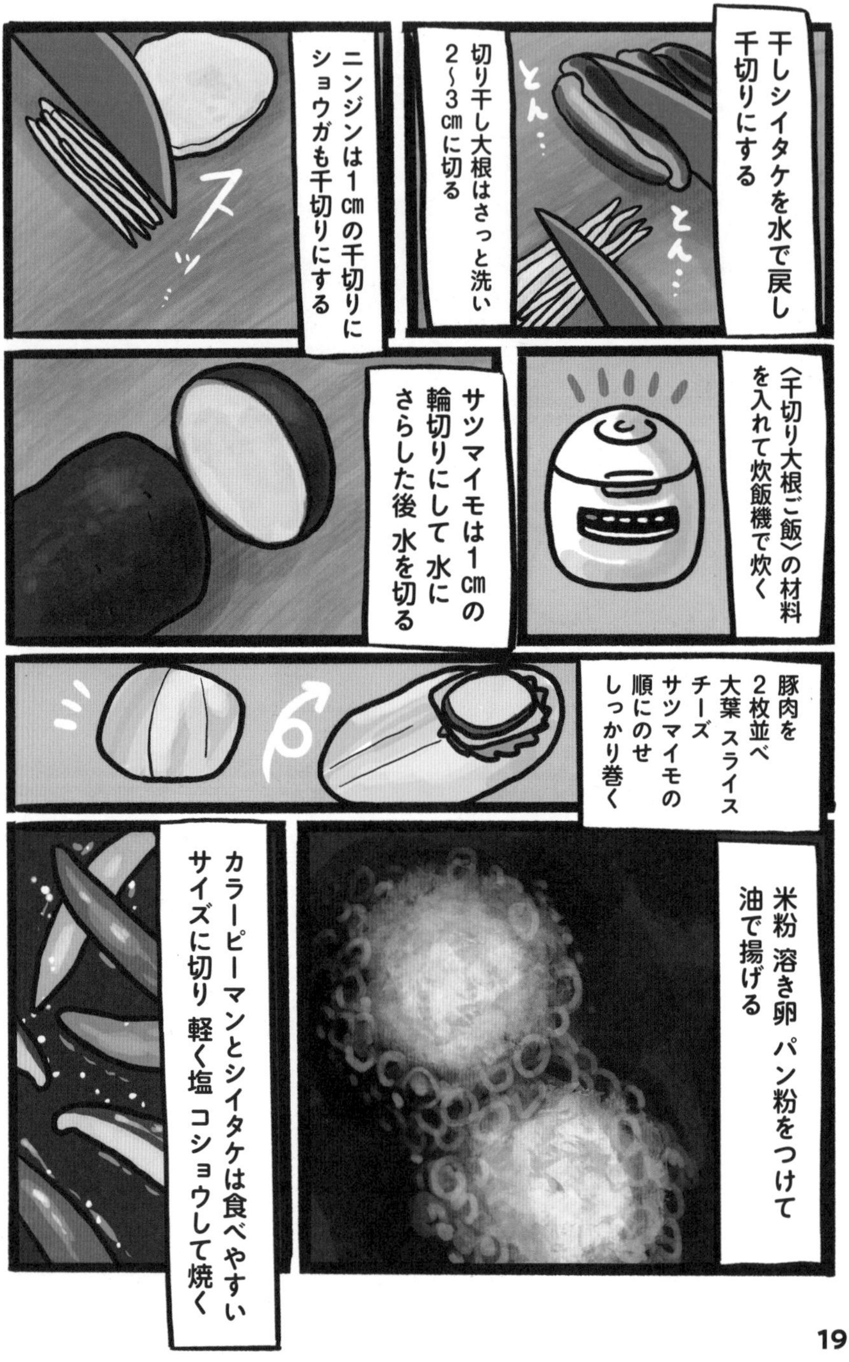
干しシイタケを水で戻し
千切りにする
とん…
とん…
切り干し大根はさっと洗い
2〜3㎝に切る
ニンジンは1㎝の千切りに
ショウガも千切りにする
スッ…
〈千切り大根ご飯〉の材料
を入れて炊飯機で炊く
サツマイモは1㎝の
輪切りにして 水に
さらした後 水を切る
豚肉を
2枚並べ
大葉 スライス
チーズ
サツマイモの
順にのせ
しっかり巻く
米粉 溶き卵 パン粉をつけて
油で揚げる
カラーピーマンとシイタケは食べやすい
サイズに切り 軽く塩 コショウして焼く

さんさん丼
ごはんの上に二等分したいもカツ
野菜ソテー キンカンを彩りよく盛り付け
完成!!
常夏っぽいどんぶりができた!
ひと口食べれば心も体も
ぽっかぽか!
うー寒…
いらっしゃい!
あったまる1杯どうですか?
あったまる〜〜っ

丼46

日本一の鹿児島黒牛彩り丼

さつまいものかき揚げ「がネ」、牛肉、ピーマン天を豪快に盛ったパワフル丼!!

がネは焦げないように、ゆっくり揚げるのがポイント!

1人前

米 ……… 1合

〈牛肉〉

- 牛ロース肉（あれば黒毛和牛ローススライス）… 50g
- シイタケ ……… 1枚
- ニンニク ……… 1片
- 焼き肉のたれ ……… 大さじ½
- サラダ油または牛脂 ……… 小さじ1

〈がネ〉

- サツマイモ（紅はるか）……… 中½本
- ショウガ ……… 5g
- タマネギ ……… ⅛個
- 揚げ油 ……… 適宜

A

- 薄力粉 ……… 15g
- ベーキングパウダー ……… 小さじ¼
- もち米粉 ……… 5g
- 水 ……… 20cc〜
- 島ざらめ ……… 大さじ½
- 淡口しょうゆ … 小さじ¼
- 塩 ……… 少々
- 酒 ……… 小さじ¼

〈もやし〉

- もやし ……… ¼袋
- 塩、コショウ ……… 少々
- 焼き肉のたれ … 大さじ½
- サラダ油 ……… 少々

〈天ぷら〉

- ピーマン ……… 大¼個
- 赤ピーマン ……… 大¼個
- 薄力粉 ……… 小さじ1

〈衣〉

- 薄力粉 ……… 15g
- ベーキングパウダー ……… 小さじ⅓
- 塩 ……… 少々
- 水 ……… 30cc

温泉卵 ……… 1個

鹿児島
え!? 優勝っ!?
おめでとう!!
おかみ! 優勝記念に 1杯お願い!
よーし! 至高の1杯作っちゃうよ
ヒカリちゃん すごかったんだよ!

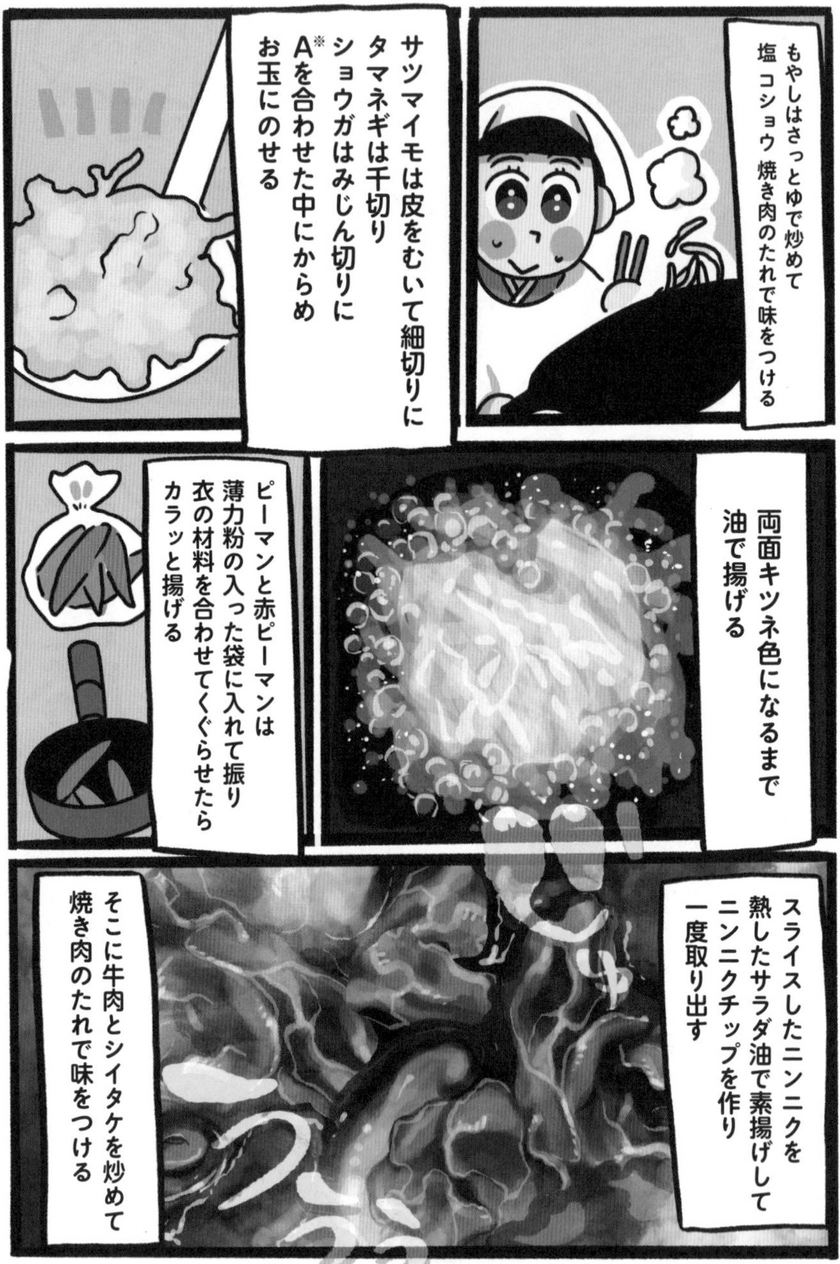
もやしはさっとゆで炒めて
塩 コショウ 焼き肉のたれで味をつける
サツマイモは皮をむいて細切りに
タマネギは千切り
ショウガはみじん切りに
A※を合わせた中にからめ
お玉にのせる
両面キツネ色になるまで
油で揚げる
ピーマンと赤ピーマンは
薄力粉の入った袋に入れて振り
衣の材料を合わせてくぐらせたら
カラッと揚げる
スライスしたニンニクを
熱したサラダ油で素揚げして
ニンニクチップを作り
一度取り出す
そこに牛肉とシイタケを炒めて
焼き肉のたれで味をつける

※Aの分量はP192を見てね

日本一の
鹿児島黒牛彩り丼
ごはんの上にもやしを散らしガネ 天ぷら 牛肉を盛り付ける
温泉卵をのせにんにくチップを散らして
完成!!
わあああああ!!
牛肉はジューシーだし野菜は甘いし最高!
ってヒカリちゃん言ってる
毎日優勝したいって?
あははは

丼47

野菜チキンあんかけ丼

たくさんの野菜と鶏肉を使い
ごま油の風味で食欲倍増!!

手早く作れる丼だよ!!

1人前

米	1合	中華だし	適宜
白菜	100g	水(中華だし用)	適宜
ニンジン	20g	片栗粉	小さじ1
ブロッコリー	2〜3房	水(片栗粉用)	小さじ1
タマネギ	1/4個	ゴマ油	少々
長ネギ	1/4本	サラダ油	小さじ2
シイタケ	1枚	ニンニク(すりおろし)	小さじ1/2
タケノコ	75g	塩	少々
鶏モモ肉	100g		

沖縄
おかみ
お店も順調でいい感じだね～
最初はてんてこ舞いで大変だったけど
おかげさまで楽しくやってますよ～
ピロン♪
えっ
あ…
はい…
出版社の担当さんから「作業の進捗どうですか？（〆切破るなよの意）」って連絡が来て…
お店始めたのもバレてた
…お兄さん
ごめん…
ずいっ
？
お店
やめる…
えっ!?
えっ言ってなかったの!?
うん…だから…
急ですが今日で閉店！
最後だからいっぱい食べていってね！

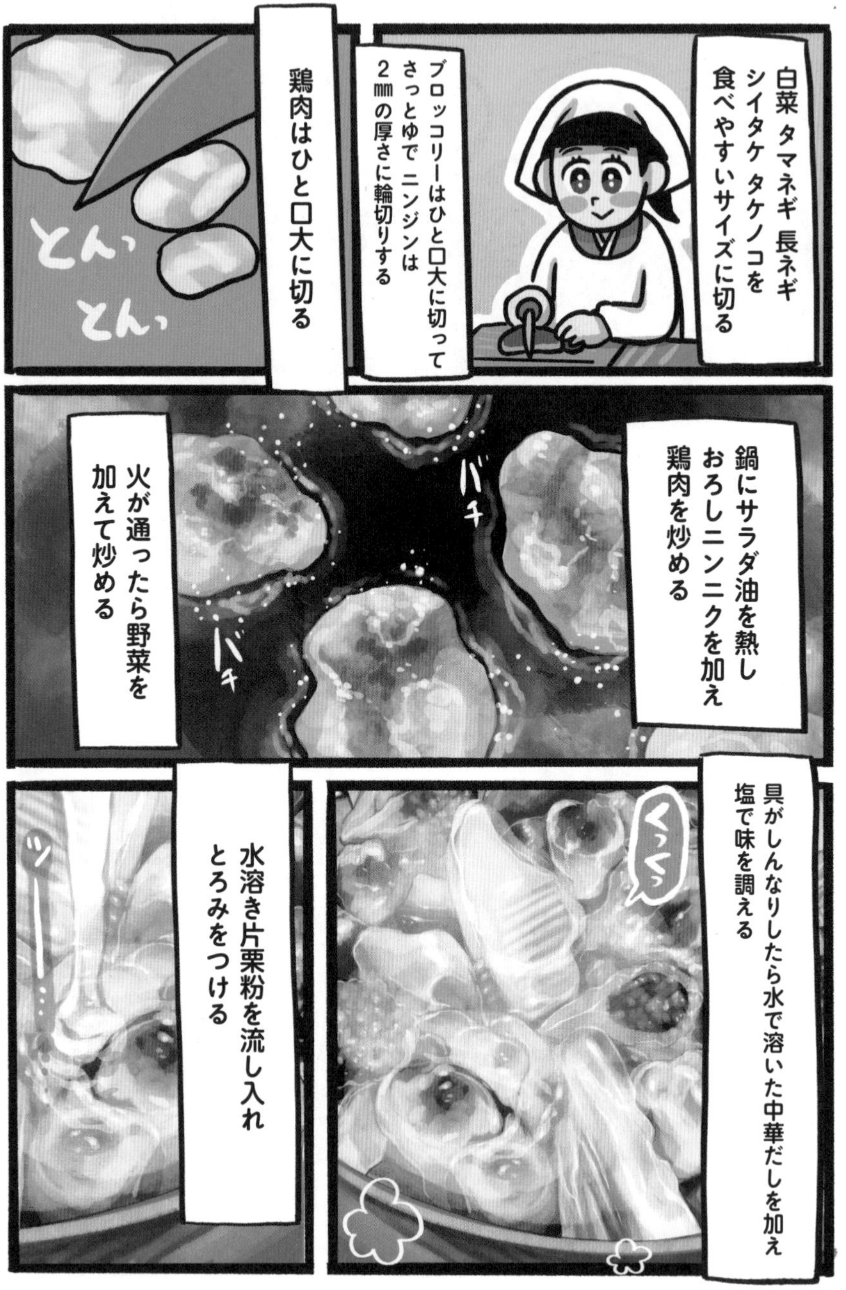
白菜 タマネギ 長ネギ
シイタケ タケノコを
食べやすいサイズに切る
ブロッコリーはひと口大に切って
さっとゆで ニンジンは
2㎜の厚さに輪切りする
鶏肉はひと口大に切る
とんっ
とんっ
鍋にサラダ油を熱し
おろしニンニクを加え
鶏肉を炒める
バチ
バチ
火が通ったら野菜を
加えて炒める
具がしんなりしたら水で溶いた中華だしを加え
塩で味を調える
くつくつ
水溶き片栗粉を流し入れ
とろみをつける
ツーー……

野菜チキンあんかけ丼
仕上げにゴマ油を入れて風味をつけ 具とあんを丼に盛りつけて
完成!!
これが私のラスト丼…
全国各地の丼をみんなに食べてもらえて幸せでした
本当に急すぎるよ おかみ…
新しい発見もたくさんあったしマンガに活かしていきたいです…
おかみ…
おかみっ
はいっ！確保しました！
担当
ズル ズル

どんぶりレシピはまだまだ続くよ！

丼48

焦がしマヨのスタミナ豚丼

1人前

米	1合
豚ロース肉（薄切り）	150g
ナス	1本
マヨネーズ	大さじ2
ニンニク（すりおろし）（ニンニクチューブ可）	小さじ2
塩・コショウ	適量
しょうゆ	大さじ2
みりん	大さじ2
酒（あれば）	小さじ1
ネギ	適量
卵黄	1個分

あ〜〜〜〜んっっ
うううう
フラれたあ〜〜〜
もう…ダイエットもやめてやる…
なら…
っっっ
食べまくりなっ!!
カロリーでしか癒せない時あるよね!!
コク…
マヨネーズをフライパンで熱す
豚肉を入れ 片面に塩 コショウをかけて焼く

豚肉の片面に火が通ったら
ひっくり返してナスとニンニクすりおろし
しょうゆ みりん 酒を入れ煮詰める
ぱちっ
ぱちっ
じゅうぅぅっ
全体が絡まったらごはんの上に
具と汁をかけ 卵黄をのせ
ネギをかけて

いただきますっ!!
どうぞ!!
パク…
マヨ!!
ガーリック!!
肉!!
パクパク
美味しすぎて
涙とまらない
よ〜〜〜
細い子が好きって言ってたから
ダイエットも頑張ってたのに〜
……
すごい食べっぷり…
かわいい…
ぽっ…

丼49

豆腐明太丼

1人前

米	1合
豆腐(絹or木綿)	150g
明太子(たらこでも可)	55g
ポン酢	小さじ1
卵黄	1個
薬味(あれば)	適量

今日は人がたくさんきたなぁ…
キュ…
うれしい…でも…
つかれたぁ〜〜〜〜
ハァーー…
お昼ごはん食べる暇もなかったもんな——…
ぐ〜っ
よーし…1分でパッと作ってパッと食べよう…
余ってる材料は…っと…

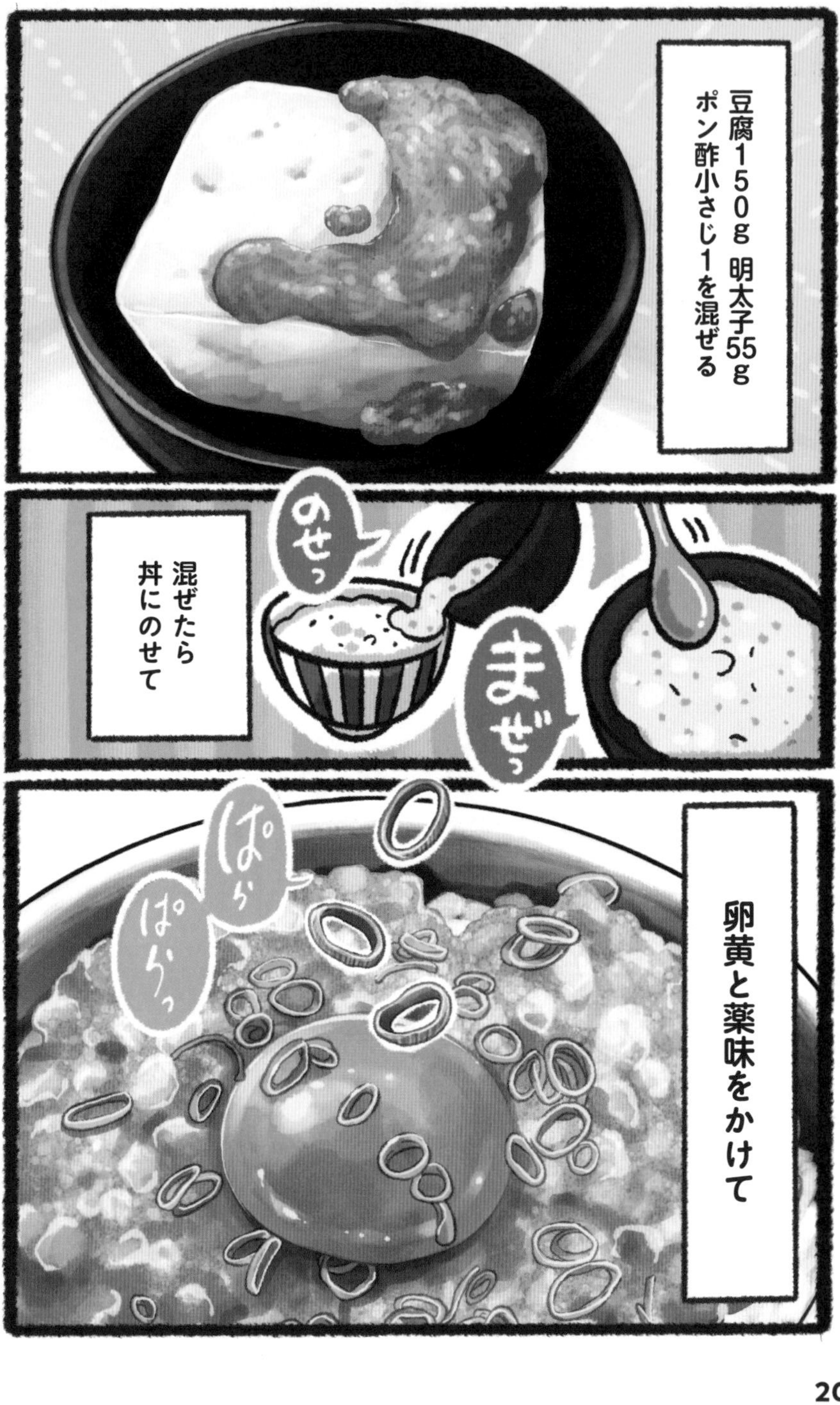
豆腐150g 明太子55g
ポン酢小さじ1を混ぜる
まぜっ
のせっ
混ぜたら
丼にのせて
卵黄と薬味をかけて
ぱらっ
ぱらっ

あーん
つかれた体に染みわたるカロリー
でも優しい味で癒される…
まかない丼で作ってみたけどお店でも出してみようかな…
好評!!

丼50

洋風親子丼

1人前

米	1合
鶏モモ肉orムネ肉	100g
タマネギ	¼個
水	150cc
コンソメ顆粒	小さじ2(固形なら1個)
ミニトマト	3~4個
スライスチーズ	1枚
卵	2個
フリルレタス	適宜
パセリ	適宜
フライドオニオン	適宜
粉チーズ	適宜

飽きたっ!!
え!?
うちのごはん和食ばっかりでさ——…洋食もリクエストしても何か違うんだよね…
ん——…そうか…
ならオススメの一品作るね!!
わーい

鶏肉をひと口サイズに切り
タマネギを薄切りにする
フライパンに水を入れ
沸騰させたらコンソメを
入れる
鶏肉とタマネギ
ミニトマトを入れる
鶏肉に火が通ったらスライスチーズ
と溶いた卵を入れる
くっ
くっ
くっ
ふたをして1分加熱する

丼の上にフリルレタスをのせ具をかけてパセリ フライドオニオン粉チーズをかけて
完成
ん――――っっ!!
洋風の親子丼美味しい!!
はい コレ レシピ!!
え?
まずはアナタがご家族に作ってあげて洋食の魅力を教えてあげたらいいんじゃないかな?
みんなで一緒に食べたらもっと美味しいよ!!
はいっ

材料別さくいん

肉類

魚介類

果実類

きのこ類

豆類・大豆製品

著・杏耶《あや》

山形県出身の食いしん坊イラストレーター。
著書に『あやぶた食堂』シリーズ、『ド丼パ!』シリーズ、『OH!麺!』、『おひとりさま女子 昼飲みさんぽ』(一迅社)、『いいわけごはん』(幻冬舎コミックス)、『たま卵ごはん』、『もうがんばれない日のための 限界ごはん』(KADOKAWA)など多数。
レシピを公開しているTwitterとInstagramも大人気。

Twitter : @ayatanponpon
Instagram : @ayanomainitigohan

監修・JA全農《ぜんのう》広報部《こうほうぶ》

レシピ原案・JA全国《ぜんこく》女性《じょせい》組織《そしき》協議会《きょうぎかい》

全国《ぜんこく》の農家《のうか》さんがおすすめ!
みんなのどんぶり食堂《しょくどう》

2023年3月2日　初版発行

著　杏耶《あや》
監修　JA全農《ぜんのう》広報部《こうほうぶ》
発行者　山下直久
発行　株式会社KADOKAWA
〒102-8177 東京都千代田区富士見2-13-3
電話 0570-002-301(ナビダイヤル)
印刷所　図書印刷株式会社

ISBN 978-4-04-682289-5　C0077